Монгол хүнд зориулсан
суурь солонгос цагаан толгойн

몽골인을 위한

기초 한글배우기

1 기초편

анхан шатны
суурь мэдлэг олгох сурах бичиг

권용선 저

몽골어로 한글배우기

Монгол хэл дээр солонгос цагаан толгой сурах

■ 세종대왕(조선 제4대 왕)
Сэжун хаан
(Жусон улсын 4 дэх хаан)

■ 세종대왕 탄신 627돌(2024.5.15) 숭모제전
- 분향(焚香) 및 헌작(獻爵), 독축(讀祝), 사배(四拜), 헌화(獻花), 망료례(望燎禮), 예필(禮畢), 인사말씀(국무총리)

■ 무용 : 봉래의(鳳來儀) | 국립국악원 무용단
- '용비어천가'의 가사를 무용수들이 직접 노래하고 춤을 춤으로써 비로소 시(詩), 가(歌), 무(舞)가 합일하는 악(樂)을 완성하는 장면

■ 영릉(세종·소헌왕후)
조선 제4대 세종대왕과 소헌왕후 심씨를 모신 합장릉이다.
세종대왕은 한글을 창제하고 혼천의를 비롯한 여러 과학기기를 발명하는 등 재위기간 중 뛰어난 업적을 이룩하였다.

■ 소재지(Location): 대한민국 경기도 여주시 세종대왕면 영릉로 269-10

■ 대표 업적
- 한글 창제: 1443년(세종 25년)~1446년 9월 반포
- 학문 창달
- 과학의 진흥
- 외치와 국방
- 음악의 정리
- 속육전 등의 법전 편찬 및 정리
- 각종 화학 무기 개발

※Юнескод бүртгэлтэй дэлхийн соёлын өв※
■ Ёнрөн(Сэжун хаан, Сухон хатны бунхан)
Жусон улсын 4 дэх хаан Сэжун болон түүний хатан Сухоны бунхан. Сэжун хаан ширээнд суух хугацаандаа солонгос цагаан толгойг зохиогоод зогсохгүй Хуначоны зэрэг байгалийн шинжлэх ухаанд тулгуурласан маш олон тоног төхөөрөмж зохион бүтээсэн.

■ Байрлал(Location): БНСУ, Кёнги-ду, Ёжү-ши, Сэжунтэван-мёнь, Ёнрөн-ру 269-10

■ Гаргасан амжилт
- Солонгос цагаан толгой зохиосон: 1443 он(Сэжун хааны 25-р он)~1446 оны 9 сард нийтэд зарласан
- Эрдэм мэдлэгийг түгээсэн
- Байгалийн шинжлэх ухааны хөгжилд дэмжлэг үзүүлсэн
- Гадаад харилцаа, улсын батлан хамгаалалт
- Хөгжмийн тухай эмхэтгэл
- Сугюугжонь зэрэг хуулийн ном гаргаж, эмхэтгэсэн
- Байгалийн шинжлэх ухаанд тулгуурласан төрөл бүрийн зэвсэг зохион бүтээсэн

머리말 ОРШИЛ

Let's learn Hangul!

Солонгос цагаан толгой нь 14 гийгүүлэгч, 10 эгшигээс гадна давхар гийгүүлэгч, хос эгшиг хослон орж авиа үүсгэнэ. Солонгос цагаан толгойн үсгийн хослолоор ойролцоогоор 11,170 үе бүтээх боломжтой бөгөөд үүний зөвхөн 30% хувийг нь ашигладаг.
Энэхүү сурах бичигт солонгос ахуйн өргөн хэрэглээний үг хэллэгийг оруулан, дараах зорилтын дагуу боловсруулав.

- Солонгос цагаан толгойн эгшиг, гийгүүлэгчийн тухай суурь мэдлэг олгох дасгал дээр ажиллуулах.
- Солонгос цагаан толгойн үсгийг бичих дараалал, зөв ашиглах тухай суурь мэдлэг олгох.
- Солонгос цагаан толгойн үсгийг цээжлүүлэх зорилгоор маш олон хуудас 'бичих' дасгал оруулсан.
- Цахим хуудас(www.K-hangul.kr)-нд сурах бичигтэй хамт ашиглах боломжтой сургалтын материалаар хангаж байна.
- Солонгос ахуйн өргөн хэрэглээний үг, хэллэгийг сурах бичигт түлхүү оруулсан.
- Заавал сурах шаардлагатай үг хэллэгийг оруулан, байнга хэрэглэгдэхгүй хэсгийг нь хассан.

Гадаад хэл сурна гэдэг нь тухайн орны соёлтой танилцах явдал бөгөөд хүний сэтгэн б одох чадварыг хөгжүүлэх үндэс болдог. Солонгос цагаан толгойн суурь мэдлэг олгох энэхүү сурах бичгийг хичээнгүйлэн судалснаар солонгос бичиг үсэгт тайлагдаад зогсохгүй солонгос ахуйн соёлын талаар өргөн мэдлэгтэй болно гэдэгт итгэлтэй байна. Баярлалаа.

k-hangul Publisher: Kwon, Yong-sun

한글은 자음 14자, 모음 10자 그 외에 겹자음과 겹모음의 조합으로 글자가 이루어지며 소리를 갖게 됩니다. 한글 조합자는 약 11,170자로 이루어져 있는데, 그중 30% 정도가 주로 사용되고 있습니다. 이 책은 실생활에서 자주 사용하는 우리말을 토대로 내용을 구성하였고, 다음 사항을 중심으로 개발되었습니다.

- 한글의 자음과 모음을 기초로 배우는 기본학습내용으로 이루어져 있습니다.
- 한글의 필순을 제시하여 올바른 한글 사용의 기초를 튼튼히 다지도록 했습니다.
- 반복적인 쓰기 학습을 통해 자연스레 한글을 습득할 수 있도록 '쓰기'에 많은 지면을 할애하였습니다.
- 홈페이지(www.k-hangul.kr)에 교재와 병행 학습할 수 있는 자료를 제공하고 있습니다.
- 한국의 일상생활에서 자주 사용되는 글자나 낱말을 중심으로 내용을 구성하였습니다
- 사용빈도가 높지 않은 한글에 대한 내용은 줄이고 꼭 필요한 내용만 수록하였습니다.

언어를 배우는 것은 문화를 배우는 것이며, 사고의 폭을 넓히는 계기가 됩니다. 이 책은 한글 학습에 기본이 되는 교재이므로 내용을 꼼꼼하게 터득하면 한글은 물론 한국의 문화와 정신까지 폭넓게 이해하게 될 것입니다.

※참고 : 본 교재는 ❶기초편으로, ❷문장편 ❸대화편 ❹생활 편으로 구성되어 출간 판매 중에 있습니다.
Жич : Энэхүү сурах бичиг нь ❶ Анхан шатны мэдлэг олгох хэсэг ❷ Өгүүлбэрийн хэсэг ❸ Харилцан ярианы хэсэг ❹ Хэрэглээний хэллэгийн хэсгүүдээс бүрдэн, хэвлэгдэн гарч, худалдаалагдаж байна.

※ 판매처 : 교보문고, 알라딘, yes24, 네이버, 쿠팡 등
Худалдах газар : KYOBObook, aladin, YES24, Naver, coupang г.м

저자 **권용선**

차례 ГАРЧИГ

머리말(ОРШИЛ)

제1장 자음 5
Хичээл-1 Гийгүүлэгч

제2장 모음 9
Хичээл-2 Эгшиг

제3장 겹자음과 겹모음 13
Хичээл-3 Давхар гийгүүлэгч, хос эгшиг

제4장 음절표 17
Хичээл-4 Үгийн үе

제5장 자음과 겹모음 39
Хичээл-5 Гийгүүлэгч, хос эгшиг

제6장 주제별 낱말 63
Хичээл-6 Сэдэв бүрээр ангилсан үгийн сан

부록 부록 주제별 단어 152
Хавсралт- сэдэв бүрээр анги лсан үгийн сан

제1장

자음

Хичээл-1
Гийгүүлэгч

01 자음 [Гийгүүлэгч]

월 일

자음 읽기 [Гийгүүлэгч үсэг унших]

ㄱ	ㄴ	ㄷ	ㄹ	ㅁ
기역(Giyeok)	니은(Nieun)	디귿(Digeut)	리을(Rieul)	미음(Mieum)
ㅂ	ㅅ	ㅇ	ㅈ	ㅊ
비읍(Bieup)	시옷(Siot)	이응(Ieung)	지읒(Jieut)	치읓(Chieut)
ㅋ	ㅌ	ㅍ	ㅎ	
키읔(Kieuk)	티읕(Tieut)	피읖(Pieup)	히읗(Hieut)	

자음 쓰기 [Гийгүүлэгч үсэг бичих]

ㄱ ①	ㄴ ①	ㄷ ① ②	ㄹ ① ② ③	ㅁ ① ② ③
기역(Giyeok)	니은(Nieun)	디귿(Digeut)	리을(Rieul)	미음(Mieum)
ㅂ ① ② ③ ④	ㅅ ① ②	ㅇ ①	ㅈ ① ②	ㅊ ① ② ③
비읍(Bieup)	시옷(Siot)	이응(Ieung)	지읒(Jieut)	치읓(Chieut)
ㅋ ① ②	ㅌ ① ② ③	ㅍ ① ② ③ ④	ㅎ ① ② ③	
키읔(Kieuk)	티읕(Tieut)	피읖(Pieup)	히읗(Hieut)	

02 자음 [Гийгүүлэгч]

 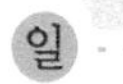

자음 익히기 [Гийгүүлэгч үсэг тогтоох нь]

다음 자음을 쓰는 순서에 맞게 따라 쓰세요.
Дараах гийгүүлэгчийг дарааллын дагуу дуурайж бичнэ үү.

자음 Гийгүүлэгч	이름 Нэр	쓰는 순서 Бичих дараалал	영어 표기 Англи галиг	쓰기 Бичих					
ㄱ	기역		Giyeok	ㄱ					
ㄴ	니은		Nieun	ㄴ					
ㄷ	디귿		Digeut	ㄷ					
ㄹ	리을		Rieul	ㄹ					
ㅁ	미음		Mieum	ㅁ					
ㅂ	비읍		Bieup	ㅂ					
ㅅ	시옷		Siot	ㅅ					
ㅇ	이응		Ieung	ㅇ					
ㅈ	지읒		Jieut	ㅈ					
ㅊ	치읓		Chieut	ㅊ					
ㅋ	키읔		Kieuk	ㅋ					
ㅌ	티읕		Tieut	ㅌ					
ㅍ	피읖		Pieup	ㅍ					
ㅎ	히읗		Hieut	ㅎ					

03 한글 자음과 모음표 [СОЛОНГОС ЦАГААН ТОЛГОЙН ГИЙГҮҮЛЭГЧ, ЭГШИГИЙН ХҮСНЭГТ]

월 일

※ 참고 : 음절표(18p~37P)에서 학습할 내용

mp3 (자음 / 모음)	ㅏ (아)	ㅑ (야)	ㅓ (어)	ㅕ (여)	ㅗ (오)	ㅛ (요)	ㅜ (우)	ㅠ (유)	ㅡ (으)	ㅣ (이)
ㄱ (기역)	가	갸	거	겨	고	교	구	규	그	기
ㄴ (니은)	나	냐	너	녀	노	뇨	누	뉴	느	니
ㄷ (디귿)	다	댜	더	뎌	도	됴	두	듀	드	디
ㄹ (리을)	라	랴	러	려	로	료	루	류	르	리
ㅁ (미음)	마	먀	머	며	모	묘	무	뮤	므	미
ㅂ (비읍)	바	뱌	버	벼	보	뵤	부	뷰	브	비
ㅅ (시옷)	사	샤	서	셔	소	쇼	수	슈	스	시
ㅇ (이응)	아	야	어	여	오	요	우	유	으	이
ㅈ (지읒)	자	쟈	저	져	조	죠	주	쥬	즈	지
ㅊ (치읓)	차	챠	처	쳐	초	쵸	추	츄	츠	치
ㅋ (키읔)	카	캬	커	켜	코	쿄	쿠	큐	크	키
ㅌ (티읕)	타	탸	터	텨	토	툐	투	튜	트	티
ㅍ (피읖)	파	퍄	퍼	펴	포	표	푸	퓨	프	피
ㅎ (히읗)	하	햐	허	혀	호	효	후	휴	흐	히

제2장

모음

Хичээл-2
Эгшиг

01 모음 [Эгшиг]

모음 읽기 [Эгшиг үсэг унших]

ㅏ	ㅑ	ㅓ	ㅕ	ㅗ
아(A)	야(Ya)	어(Eo)	여(Yeo)	오(O)
ㅛ	ㅜ	ㅠ	ㅡ	ㅣ
요(Yo)	우(U)	유(Yu)	으(Eu)	이(I)

모음 쓰기 [Эгшиг үсэг бичих]

ㅏ	ㅑ	ㅓ	ㅕ	ㅗ
아(A)	야(Ya)	어(Eo)	여(Yeo)	오(O)
ㅛ	ㅜ	ㅠ	ㅡ	ㅣ
요(Yo)	우(U)	유(Yu)	으(Eu)	이(I)

모음 [Эгшиг]

월 일

모음 익히기 [Эгшиг үсэг тогтоох нь]

다음 모음을 쓰는 순서에 맞게 따라 쓰세요.
(Дараахи эгшгийг дарааллын дагуу дуурайж бичнэ үү.)

모음 Эгшиг	이름 Нэр	쓰는 순서 Бичих дараалал	영어 표기 Англи галиг	쓰기 Бичих					
ㅏ	아	①↓ ②→	A	ㅏ					
ㅑ	야	①↓ ②→ ③→	Ya	ㅑ					
ㅓ	어	①→ ②↓	Eo	ㅓ					
ㅕ	여	①→ ②→ ③↓	Yeo	ㅕ					
ㅗ	오	①↓ ②→	O	ㅗ					
ㅛ	요	①↓ ②↓ ③→	Yo	ㅛ					
ㅜ	우	①→ ②↓	U	ㅜ					
ㅠ	유	①→ ②↓ ③↓	Yu	ㅠ					
ㅡ	으	①→	Eu	ㅡ					
ㅣ	이	①↓	I	ㅣ					

유네스코 세계기록유산

UNESCO Memory of the World

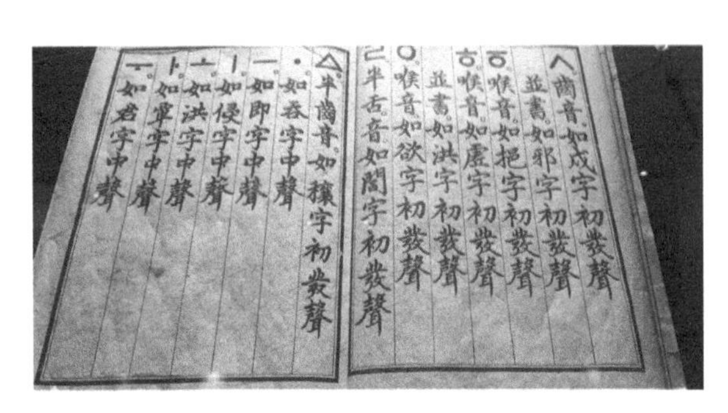

ㅅ 齒音 如戌字初發聲
並書 如邪字初發聲
ㆆ 喉音 如挹字初發聲
ㅎ 喉音 如虛字初發聲
並書 如洪字初發聲
ㅇ 喉音 如欲字初發聲
ㄹ 半舌音 如閭字初發聲
ㅿ 半齒音 如穰字初發聲
ㆍ 如呑字中聲
ㅡ 如即字中聲
ㅣ 如侵字中聲
ㅗ 如洪字中聲
ㅏ 如覃字中聲
ㅜ 如君字中聲

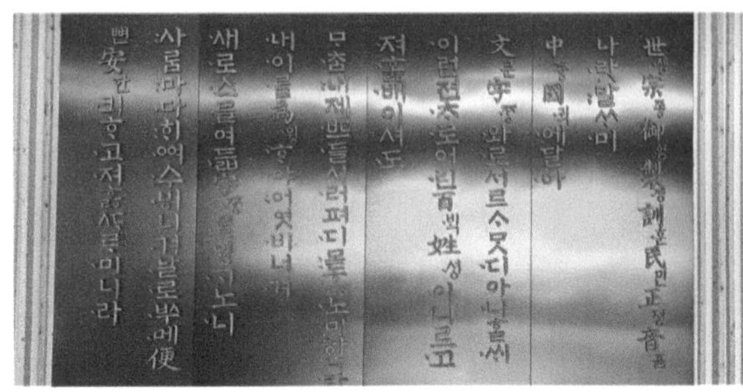

- 훈민정음(訓民正音) : 새로 창제된 훈민정음을 1446년(세종 28) 정인지 등 집현전 학사들이 저술한 한문해설서이다. 해례가 붙어 있어서〈훈민정음 해례본 訓民正音 解例本〉이라고도 하며 예의(例義), 해례(解例), 정인지 서문으로 구성되어 있다. 특히 서문에는 **훈민정음을 만든 이유**, 편찬자, 편년월일, 우수성을 기록하고 있다. 1997년 유네스코 세계기록유산으로 등록되었다.

■ 훈민정음(訓民正音)을 만든 이유

- 훈민정음은 백성을 가르치는 바른 소리 -

훈민정음 서문에 나오는 '나랏말씀이 중국과 달라 한자와 서로 통하지 않는다.' 는 말은 풍속과 기질이 달라 성음(聲音)이 서로 같지 않게 된다는 것이다.

"이런 이유로 어리석은 백성이 말하고 싶은 것이 있어도 마침내 제 뜻을 표현하지 못하는 사람이 많다. 이를 불쌍히 여겨 새로 28자를 만들었으니 사람마다 쉽게 익혀 씀에 편하게 할 뿐이다."

지혜로운 사람은 아침나절이 되기 전에 이해하고 어리석은 사람도 열흘이면 배울 수 있는 훈민정음은 바람소리, 학의 울음이나 닭 울음소리, 개 짖는 소리까지 모두 표현해 쓸 수 있어 지구상의 모든 문자 가운데 가장 창의적이고 과학적이라는 찬사를 받는 문자이다.

-세종 28년-

■ 세종대왕 약력

- 조선 제4대 왕
- **이름**: 이도
- **출생지**: 서울(한양)
- **생년월일**: 1397년 5월 15일~1450년 2월 17일
- **재위 기간**: 1418년 8월~1450년 2월(31년 6개월)

■ Хүньминь-жонөм зохиогдсоны учир

-Хүньминь-жонөм гэдэг нь ард иргэдийг бичиг үсэгт сургах зөв аялга гэсэн утгатай -

Хүньминь-жонөм номын оршил хэсгийн 'Хятадын ханз үсэг манай үндэсний хэлтэй тохирохгүй.' гэсэн утгатай өгүүлбэр нь уламжлалт заншил, уг чанар нь өөр учраас авианууд нь хоорондоо адилгүй байна гэсэн үг юм.

"Ийм учраас энгийн ард иргэдийн дунд хэлэх гэсэн үгээ ч илэрхийлж чаддаггүй хүмүүс олон байдаг. Энэ өрөвдөм байдлыг харгалзан 28 үсэгтэй шинэ цагаан толгой бүтээсэн тул ард түмэн бичиг үсэг амархан сурч, ашиглах боломжтой болсон."

Ухаантай хүн үүр цайхаас өмнө, мунхаг хүн арав хоногийн дотор сурах боломжтой гэгддэг хүньминь-жонөм цагаан толгойн үсгээр салхины чимээ, тогоруу дуугарах, тахиа донгодох, нохой хуцах чимээг хүртэл илэрхийлэх боломжтой гэдгээрээ дэлхийн хамгийн бүтээлч, шинжлэх ухаанч үсэг гэсэн сайшаал хүртсэн.

- Сэжун хааны 28-р он -

■ Сэжун хааны намтар

- Жусон улсын 4 дэх хаан
- Нэр: И Ду
- Төрсөн газар: Сөүл (Ханаян)
- Төрсөн он сар өдөр: 1397 оны 5 сарын 15~1450 оны 2 сарын 17
- Хаан ширээнд суусан: 1418 оны 8 сар~1450 оны 2 сар (31 жил 6 сар)

제3장

겹자음과 겹모음

Хичээл-3

Давхар гийгүүлэгч, хос эгшиг

겹자음 [Давхар гийгүүлэгч]

월 일

겹자음 읽기 [Давхар гийгүүлэгч үсэг унших]

ㄲ	ㄸ	ㅃ	ㅆ	ㅉ
쌍기역 (Ssanggiyeok)	쌍디귿 (Ssangdigeut)	쌍비읍 (Ssangbieup)	쌍시옷 (Ssangsiot)	쌍지읒 (Ssangjieut)

겹자음 쓰기 [Давхар гийгүүлэгч үсэг бичих]

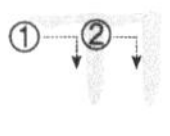 ㄲ	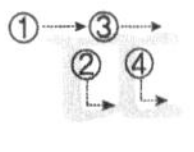 ㄸ	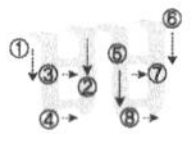 ㅃ	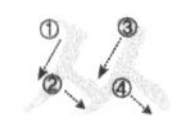 ㅆ	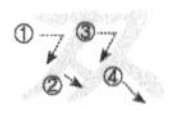 ㅉ
쌍기역 (Ssanggiyeok)	쌍디귿 (Ssangdigeut)	쌍비읍 (Ssangbieup)	쌍시옷 (Ssangsiot)	쌍지읒 (Ssangjieut)

겹자음 익히기 [Давхар гийгүүлэгч үсэг тогтоох нь]

다음 겹자음을 쓰는 순서에 맞게 따라 쓰세요.
(Дараах давхар гийгүүлэгчийг дарааллын дагуу дуурайж бичнэ үү.)

겹자음 Давхар гийгүүлэгч	이름 Нэр	쓰는 순서 Бичих дараалал	영어 표기 Англи галиг	쓰기 Бичих					
ㄲ	쌍기역	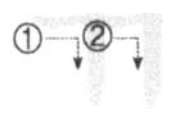 ㄲ	Ssanggiyeok	ㄲ					
ㄸ	쌍디귿	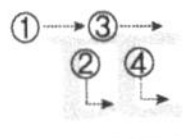 ㄸ	Ssangdigeut	ㄸ					
ㅃ	쌍비읍	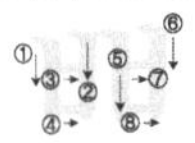 ㅃ	Ssangbieup	ㅃ					
ㅆ	쌍시옷	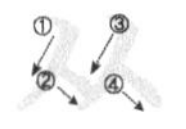 ㅆ	Ssangsiot	ㅆ					
ㅉ	쌍지읒	 ㅉ	Ssangjieut	ㅉ					

겹모음 [Хос эгшиг]

월 일

겹모음 읽기 [хос эгшиг үсэг унших]

ㅐ	ㅔ	ㅒ	ㅖ	ㅘ
애(Ae)	에(E)	얘(Yae)	예(Ye)	와(Wa)
ㅙ	ㅚ	ㅝ	ㅞ	ㅟ
왜(Wae)	외(Oe)	워(Wo)	웨(We)	위(Wi)
ㅢ				
의(Ui)				

겹모음 쓰기 [хос эгшиг үсэг бичих]

ㅐ	ㅔ	ㅒ	ㅖ	ㅘ
애(Ae)	에(E)	얘(Yae)	예(Ye)	와(Wa)
ㅙ	ㅚ	ㅝ	ㅞ	ㅟ
왜(Wae)	외(Oe)	워(Wo)	웨(We)	위(Wi)
ㅢ				
의(Ui)				

겹모음 [Хос эгшиг]

월 일

겹모음 익히기 [Хос эгшиг унших, бичих дасгал]

다음 겹모음을 쓰는 순서에 맞게 따라 쓰세요.
(Дараах хос эгшгийг дарааллын дагуу дуурайж бичнэ үү.)

겹모음 Хос эгшиг	이름 Нэр	쓰는 순서 Бичих дараалал	영어 표기 Англи галиг	쓰기 Бичих						
ㅐ	애	①②③	Ae	ㅐ						
ㅔ	에	①②③	E	ㅔ						
ㅒ	얘	①②③④	Yae	ㅒ						
ㅖ	예	①②③④	Ye	ㅖ						
ㅘ	와	①②③④	Wa	ㅘ						
ㅙ	왜	①②③④⑤	Wae	ㅙ						
ㅚ	외	①②③	Oe	ㅚ						
ㅝ	워	①②③④	Wo	ㅝ						
ㅞ	웨	①②③④⑤	We	ㅞ						
ㅟ	위	①②③	Wi	ㅟ						
ㅢ	의	①②	Ui	ㅢ						

제4장

음절표

Хичээл-4
Үгийн үе

자음+모음(ㅏ) [Гийгүүлэгч+Эгшиг(ㅏ)]

자음+모음(ㅏ) 읽기 [Гийгүүлэгч+Эгшиг(ㅏ)унших]

가	나	다	라	마
Ga	Na	Da	Ra	Ma
바	사	아	자	차
Ba	Sa	A	Ja	Cha
카	타	파	하	
Ka	Ta	Pa	Ha	

자음+모음(ㅏ) 쓰기 [Гийгүүлэгч+Эгшиг(ㅏ)бичих]

가	나	다	라	마
Ga	Na	Da	Ra	Ma
바	사	아	자	차
Ba	Sa	A	Ja	Cha
카	타	파	하	
Ka	Ta	Pa	Ha	

자음+모음(ㅏ) [Гийгүүлэгч+Эгшиг(ㅏ)]

자음+모음(ㅏ) 익히기 [Гийгүүлэгч+Эгшиг(ㅏ) унших, бичих дасгал]

다음 자음+모음(ㅏ)을 쓰는 순서에 맞게 따라 쓰세요.
(Дараах гийгүүлэгч+эгшиг(ㅏ)-ийг дарааллын дагуу дуурайж бичнэ үү.)

자음+모음(ㅏ)	이름	쓰는 순서	영어 표기	쓰기					
ㄱ+ㅏ	가		Ga	가					
ㄴ+ㅏ	나		Na	나					
ㄷ+ㅏ	다		Da	다					
ㄹ+ㅏ	라		Ra	라					
ㅁ+ㅏ	마		Ma	마					
ㅂ+ㅏ	바		Ba	바					
ㅅ+ㅏ	사		Sa	사					
ㅇ+ㅏ	아		A	아					
ㅈ+ㅏ	자		Ja	자					
ㅊ+ㅏ	차		Cha	차					
ㅋ+ㅏ	카		Ka	카					
ㅌ+ㅏ	타		Ta	타					
ㅍ+ㅏ	파		Pa	파					
ㅎ+ㅏ	하		Ha	하					

자음+모음(ㅓ) [Гийгүүлэгч+Эгшиг(ㅓ)]

자음+모음(ㅓ) 읽기 [Гийгүүлэгч+Эгшиг(ㅓ)унших]

거	너	더	러	머
Geo	Neo	Deo	Reo	Meo
버	서	어	저	처
Beo	Seo	Eo	Jeo	Cheo
커	터	퍼	허	
Keo	Teo	Peo	Heo	

자음+모음(ㅓ) 쓰기 [Гийгүүлэгч+Эгшиг(ㅓ)бичих]

거	너	더	러	머
Geo	Neo	Deo	Reo	Meo
버	서	어	저	처
Beo	Seo	Eo	Jeo	Cheo
커	터	퍼	허	
Keo	Teo	Peo	Heo	

자음+모음(ㅓ) [Гийгүүлэгч+Эгшиг(ㅓ)]

자음+모음(ㅓ) 익히기 [Гийгүүлэгч+Эгшиг(ㅓ) уншиж, бичих дасгал]

다음 자음+모음(ㅓ)을 쓰는 순서에 맞게 따라 쓰세요.
(Дараах гийгүүлэгч+эгшиг(ㅓ)-ийг дарааллын дагуу дуурайж бичнэ үү.)

자음+모음(ㅓ)	이름	쓰는 순서	영어 표기	쓰기					
ㄱ+ㅓ	거	거	Geo	거					
ㄴ+ㅓ	너	너	Neo	너					
ㄷ+ㅓ	더	더	Deo	더					
ㄹ+ㅓ	러	러	Reo	러					
ㅁ+ㅓ	머	머	Meo	머					
ㅂ+ㅓ	버	버	Beo	버					
ㅅ+ㅓ	서	서	Seo	서					
ㅇ+ㅓ	어	어	Eo	어					
ㅈ+ㅓ	저	저	Jeo	저					
ㅊ+ㅓ	처	처	Cheo	처					
ㅋ+ㅓ	커	커	Keo	커					
ㅌ+ㅓ	터	터	Teo	터					
ㅍ+ㅓ	퍼	퍼	Peo	퍼					
ㅎ+ㅓ	허	허	Heo	허					

자음+모음(ㅗ) [Гийгүүлэгч+Эгшиг(ㅗ)]

자음+모음(ㅗ) 읽기 [Гийгүүлэгч+Эгшиг(ㅗ)унших]

고	노	도	로	모
Go	No	Do	Ro	Mo
보	소	오	조	초
Bo	So	O	Jo	Cho
코	토	포	호	
Ko	To	Po	Ho	

자음+모음(ㅗ) 쓰기 [Гийгүүлэгч+Эгшиг(ㅗ)бичих]

고	노	도	로	모
Go	No	Do	Ro	Mo
보	소	오	조	초
Bo	So	O	Jo	Cho
코	토	포	호	
Ko	To	Po	Ho	

자음+모음(ㅗ) [Гийгүүлэгч+Эгшиг(ㅗ)]

자음+모음(ㅗ) 익히기 [Гийгүүлэгч+Эгшиг(ㅗ) унших, бичих дасгал]

다음 자음+모음(ㅗ)을 쓰는 순서에 맞게 따라 쓰세요.
(Дараах гийгүүлэгч+эгшиг(ㅗ)-ийг дарааллын дагуу дууриайж бичнэ үү.)

자음+모음(ㅗ)	이름	쓰는 순서	영어 표기	쓰기					
ㄱ+ㅗ	고	고	Go	고					
ㄴ+ㅗ	노	노	No	노					
ㄷ+ㅗ	도	도	Do	도					
ㄹ+ㅗ	로	로	Ro	로					
ㅁ+ㅗ	모	모	Mo	모					
ㅂ+ㅗ	보	보	Bo	보					
ㅅ+ㅗ	소	소	So	소					
ㅇ+ㅗ	오	오	O	오					
ㅈ+ㅗ	조	조	Jo	조					
ㅊ+ㅗ	초	초	Cho	초					
ㅋ+ㅗ	코	코	Ko	코					
ㅌ+ㅗ	토	토	To	토					
ㅍ+ㅗ	포	포	Po	포					
ㅎ+ㅗ	호	호	Ho	호					

자음+모음(ㅜ) [Гийгүүлэгч+Эгшиг(ㅜ)]

자음+모음(ㅜ) 읽기 [Гийгүүлэгч+Эгшиг(ㅜ)унших]

구	누	두	루	무
Gu	Nu	Du	Ru	Mu
부	수	우	주	추
Bu	Su	U	Ju	Chu
쿠	투	푸	후	
Ku	Tu	Pu	Hu	

자음+모음(ㅜ) 쓰기 [Гийгүүлэгч+Эгшиг(ㅜ)бичих]

구	누	두	루	무
Gu	Nu	Du	Ru	Mu
부	수	우	주	추
Bu	Su	U	Ju	Chu
쿠	투	푸	후	
Ku	Tu	Pu	Hu	

자음+모음(ㅜ) [Гийгүүлэгч+Эгшиг(ㅜ)]

자음+모음(ㅜ) 익히기 [Гийгүүлэгч+Эгшиг(ㅜ) унших, бичих дасгал]

다음 자음+모음(ㅜ)을 쓰는 순서에 맞게 따라 쓰세요.
(Дараах гийгүүлэгч+эгшиг(ㅜ)-ийг дарааллын дагуу дууриаж бичнэ үү.)

자음+모음(ㅜ)	이름	쓰는 순서	영어 표기	쓰기					
ㄱ+ㅜ	구		Gu	구					
ㄴ+ㅜ	누		Nu	누					
ㄷ+ㅜ	두		Du	두					
ㄹ+ㅜ	루		Ru	루					
ㅁ+ㅜ	무		Mu	무					
ㅂ+ㅜ	부		Bu	부					
ㅅ+ㅜ	수		Su	수					
ㅇ+ㅜ	우		U	우					
ㅈ+ㅜ	주		Ju	주					
ㅊ+ㅜ	추		Chu	추					
ㅋ+ㅜ	쿠		Ku	쿠					
ㅌ+ㅜ	투		Tu	투					
ㅍ+ㅜ	푸		Pu	푸					
ㅎ+ㅜ	후		Hu	후					

05 자음+모음(ㅡ) [Гийгүүлэгч+Эгшиг(ㅡ)]

자음+모음(ㅡ) 읽기 [Гийгүүлэгч+Эгшиг(ㅡ)унших]

그	느	드	르	므
Geu	Neu	Deu	Reu	Meu
브	스	으	즈	츠
Beu	Seu	Eu	Jeu	Cheu
크	트	프	흐	
Keu	Teu	Peu	Heu	

자음+모음(ㅡ) 쓰기 [Гийгүүлэгч+Эгшиг(ㅡ)бичих]

그	느	드	르	므
Geu	Neu	Deu	Reu	Meu
브	스	으	즈	츠
Beu	Seu	Eu	Jeu	Cheu
크	트	프	흐	
Keu	Teu	Peu	Heu	

자음+모음(ㅡ) [Гийгүүлэгч+Эгшиг(ㅡ)]

자음+모음(ㅡ) 익히기 [Гийгүүлэгч+Эгшиг(ㅡ) уншиж, бичих дасгал]

다음 자음+모음(ㅡ)을 쓰는 순서에 맞게 따라 쓰세요.
(Дараах гийгүүлэгч+эгшиг(ㅡ)-ийг дарааллын дагуу дуурайж бичнэ үү.)

자음+모음(ㅡ)	이름	쓰는 순서	영어 표기	쓰기					
ㄱ+ㅡ	그	그	Geu	그					
ㄴ+ㅡ	느	느	Neu	느					
ㄷ+ㅡ	드	드	Deu	드					
ㄹ+ㅡ	르	르	Reu	르					
ㅁ+ㅡ	므	므	Meu	므					
ㅂ+ㅡ	브	브	Beu	브					
ㅅ+ㅡ	스	스	Seu	스					
ㅇ+ㅡ	으	으	Eu	으					
ㅈ+ㅡ	즈	즈	Jeu	즈					
ㅊ+ㅡ	츠	츠	Cheu	츠					
ㅋ+ㅡ	크	크	Keu	크					
ㅌ+ㅡ	트	트	Teu	트					
ㅍ+ㅡ	프	프	Peu	프					
ㅎ+ㅡ	흐	흐	Heu	흐					

자음+모음(ㅑ) [Гийгүүлэгч+Эгшиг(ㅑ)]

자음+모음(ㅑ) 읽기 [Гийгүүлэгч+Эгшиг(ㅑ)унших]

갸	냐	댜	랴	먀
Gya	Nya	Dya	Rya	Mya
뱌	샤	야	쟈	챠
Bya	Sya	Ya	Jya	Chya
캬	탸	퍄	햐	
Kya	Tya	Pya	Hya	

자음+모음(ㅑ) 쓰기 [Гийгүүлэгч+Эгшиг(ㅑ)бичих]

갸	냐	댜	랴	먀
Gya	Nya	Dya	Rya	Mya
뱌	샤	야	쟈	챠
Bya	Sya	Ya	Jya	Chya
캬	탸	퍄	햐	
Kya	Tya	Pya	Hya	

자음+모음(ㅑ) [Гийгүүлэгч+Эгшиг(ㅑ)]

자음+모음(ㅑ) 익히기 [Гийгүүлэгч+Эгшиг(ㅑ) уншиж, бичих дасгал]

다음 자음+모음(ㅑ)을 쓰는 순서에 맞게 따라 쓰세요.
(Дараах гийгүүлэгч+эгшиг(ㅑ)-ийг дарааллын дагуу дууражж бичнэ үү.)

자음+모음(ㅑ)	이름	쓰는 순서	영어 표기	쓰기					
ㄱ+ㅑ	갸		Gya	갸					
ㄴ+ㅑ	냐		Nya	냐					
ㄷ+ㅑ	댜		Dya	댜					
ㄹ+ㅑ	랴		Rya	랴					
ㅁ+ㅑ	먀		Mya	먀					
ㅂ+ㅑ	뱌		Bya	뱌					
ㅅ+ㅑ	샤		Sya	샤					
ㅇ+ㅑ	야		Ya	야					
ㅈ+ㅑ	쟈		Jya	쟈					
ㅊ+ㅑ	챠		Chya	챠					
ㅋ+ㅑ	캬		Kya	캬					
ㅌ+ㅑ	탸		Tya	탸					
ㅍ+ㅑ	퍄		Pya	퍄					
ㅎ+ㅑ	햐		Hya	햐					

자음+모음(ㅕ) [Гийгүүлэгч+Эгшиг(ㅕ)]

자음+모음(ㅕ) 읽기 [Гийгүүлэгч+Эгшиг(ㅕ)унших]

겨	녀	뎌	려	며
Gyeo	Nyeo	Dyeo	Ryeo	Myeo
벼	셔	여	져	쳐
Byeo	Syeo	Yeo	Jyeo	Chyeo
켜	텨	펴	혀	
Kya	Tyeo	Pyeo	Hyeo	

자음+모음(ㅕ) 쓰기 [Гийгүүлэгч+Эгшиг(ㅕ)бичих]

겨	녀	뎌	려	며
Gyeo	Nyeo	Dyeo	Rya	Myeo
벼	셔	여	져	쳐
Byeo	Syeo	Yeo	Jyeo	Chyeo
켜	텨	펴	혀	
Kyeo	Tyeo	Pyeo	Hyeo	

07 자음+모음(ㅕ) [Гийгүүлэгч+Эгшиг(ㅕ)]

 월  일

자음+모음(ㅕ) 익히기 [Гийгүүлэгч+Эгшиг(ㅕ) унших, бичих дасгал]

다음 자음+모음(ㅕ)을 쓰는 순서에 맞게 따라 쓰세요.
(Дараах гийгүүлэгч+эгшиг(ㅕ)-ийг дарааллын дагуу дуурайж бичнэ үү.)

자음+모음(ㅕ)	이름	쓰는 순서	영어 표기	쓰기					
ㄱ+ㅕ	겨		Gyeo	겨					
ㄴ+ㅕ	녀		Nyeo	녀					
ㄷ+ㅕ	뎌		Dyeo	뎌					
ㄹ+ㅕ	려		Ryeo	려					
ㅁ+ㅕ	며		Myeo	며					
ㅂ+ㅕ	벼		Byeo	벼					
ㅅ+ㅕ	셔		Syeo	셔					
ㅇ+ㅕ	여		Yeo	여					
ㅈ+ㅕ	져		Jyeo	져					
ㅊ+ㅕ	쳐		Chyeo	쳐					
ㅋ+ㅕ	켜		Kyeo	켜					
ㅌ+ㅕ	텨		Tyeo	텨					
ㅍ+ㅕ	펴		Pyeo	펴					
ㅎ+ㅕ	펴		Hyeo	혀					

자음+모음(ㅛ) [Гийгүүлэгч+Эгшиг(ㅛ)]

자음+모음(ㅛ) 읽기 [Гийгүүлэгч+Эгшиг(ㅛ)унших]

교	뇨	됴	료	묘
Gyo	Nyo	Dyo	Ryo	Myo
뵤	쇼	요	죠	쵸
Byo	Syo	Yo	Jyo	Chyo
쿄	툐	표	효	
Kyo	Tyo	Pyo	Hyo	

자음+모음(ㅛ) 쓰기 [Гийгүүлэгч+Эгшиг(ㅛ)бичих]

교	뇨	됴	료	묘
Gyo	Nyo	Dyo	Ryo	Myo
뵤	쇼	요	죠	쵸
Byo	Syo	Yo	Jyo	Chyo
쿄	툐	표	효	
Kyo	Tyo	Pyo	Hyo	

자음+모음(ㅛ) [Гийгүүлэгч+Эгшиг(ㅛ)]

자음+모음(ㅛ) 익히기 [Гийгүүлэгч+Эгшиг(ㅛ) унших, бичих дасгал]

다음 자음+모음(ㅛ)을 쓰는 순서에 맞게 따라 쓰세요.
(Дараах гийгүүлэгч+эгшиг(ㅛ)-ийг дарааллын дагуу дуурайж бичнэ үү.)

자음+모음(ㅛ)	이름	쓰는 순서	영어 표기	쓰기					
ㄱ+ㅛ	교		Gyo	교					
ㄴ+ㅛ	뇨		Nyo	뇨					
ㄷ+ㅛ	됴		Dyo	됴					
ㄹ+ㅛ	료		Ryo	료					
ㅁ+ㅛ	묘		Myo	묘					
ㅂ+ㅛ	뵤		Byo	뵤					
ㅅ+ㅛ	쇼		Syo	쇼					
ㅇ+ㅛ	요		Yo	요					
ㅈ+ㅛ	죠		Jyo	죠					
ㅊ+ㅛ	쵸		Chyo	쵸					
ㅋ+ㅛ	쿄		Kyo	쿄					
ㅌ+ㅛ	툐		Tyo	툐					
ㅍ+ㅛ	표		Pyo	표					
ㅎ+ㅛ	효		Hyo	효					

자음+모음(ㅠ) [Гийгүүлэгч+Эгшиг(ㅠ)]

자음+모음(ㅠ) 읽기 [Гийгүүлэгч+Эгшиг(ㅠ)унших]

규	뉴	듀	류	뮤
Gyu	Nyu	Dyu	Ryu	Myu
뷰	슈	유	쥬	츄
Byu	Syu	Yu	Jyu	Chyu
큐	튜	퓨	휴	
Kyu	Tyu	Pyu	Hyu	

자음+모음(ㅠ) 쓰기 [Гийгүүлэгч+Эгшиг(ㅠ)бичих]

규	뉴	듀	류	뮤
Gyu	Nyu	Dyu	Ryu	Myu
뷰	슈	유	쥬	츄
Byu	Syu	Yu	Jyu	Chyu
큐	튜	퓨	휴	
Kyu	Tyu	Pyu	Hyu	

자음+모음(ㅠ) [Гийгүүлэгч+Эгшиг(ㅠ)]

자음+모음(ㅠ) 익히기 [Гийгүүлэгч+Эгшиг(ㅠ) унших, бичих дасгал]

다음 자음+모음(ㅠ)을 쓰는 순서에 맞게 따라 쓰세요.
(Дараах гийгүүлэгч+эгшиг(ㅠ)-ийг дарааллын дагуу дуурайж бичнэ үү.)

자음+모음(ㅠ)	이름	쓰는 순서	영어 표기	쓰기					
ㄱ+ㅠ	규	규	Gyu	규					
ㄴ+ㅠ	뉴	뉴	Nyu	뉴					
ㄷ+ㅠ	듀	듀	Dyu	듀					
ㄹ+ㅠ	류	류	Ryu	류					
ㅁ+ㅠ	뮤	뮤	Myu	뮤					
ㅂ+ㅠ	뷰	뷰	Byu	뷰					
ㅅ+ㅠ	슈	슈	Syu	슈					
ㅇ+ㅠ	유	유	Yu	유					
ㅈ+ㅠ	쥬	쥬	Jyu	쥬					
ㅊ+ㅠ	츄	츄	Chyu	츄					
ㅋ+ㅠ	큐	큐	Kyu	큐					
ㅌ+ㅠ	튜	튜	Tyu	튜					
ㅍ+ㅠ	퓨	퓨	Pyu	퓨					
ㅎ+ㅠ	휴	휴	Hyu	휴					

10 자음+모음(ㅣ) [Гийгүүлэгч+Эгшиг(ㅣ)]

자음+모음(ㅣ) 읽기 [Гийгүүлэгч+Эгшиг(ㅣ)унших]

기	니	디	리	미
Gi	Ni	Di	Ri	Mi
비	시	이	지	치
Bi	Si	I	Ji	Chi
키	티	피	히	
Ki	Ti	Pi	Hi	

자음+모음(ㅣ) 쓰기 [Гийгүүлэгч+Эгшиг(ㅣ)бичих]

기	니	디	리	미
Gi	Ni	Di	Ri	Mi
비	시	이	지	치
Bi	Si	I	Ji	Chi
키	티	피	히	
Ki	Ti	Pi	Hi	

자음+모음(ㅣ) [Гийгүүлэгч+Эгшиг(ㅣ)]

자음+모음(ㅣ) 익히기 [Гийгүүлэгч+Эгшиг(ㅣ) уншиж, бичих дасгал]

다음 자음+모음(ㅣ)을 쓰는 순서에 맞게 따라 쓰세요.
(Дараах гийгүүлэгч+эгшиг(ㅣ)-ийг дарааллын дагуу дуурайж бичнэ үү.)

자음+모음(ㅣ)	이름	쓰는 순서	영어 표기	쓰기					
ㄱ+ㅣ	기	기	Gi	기					
ㄴ+ㅣ	니	니	Ni	니					
ㄷ+ㅣ	디	디	Di	디					
ㄹ+ㅣ	리	리	Ri	리					
ㅁ+ㅣ	미	미	Mi	미					
ㅂ+ㅣ	비	비	Bi	비					
ㅅ+ㅣ	시	시	Si	시					
ㅇ+ㅣ	이	이	I	이					
ㅈ+ㅣ	지	지	Ji	지					
ㅊ+ㅣ	치	치	Chi	치					
ㅋ+ㅣ	키	키	Ki	키					
ㅌ+ㅣ	티	티	Ti	티					
ㅍ+ㅣ	피	피	Pi	피					
ㅎ+ㅣ	히	히	Hi	히					

한글 자음과 모음 받침표 [СОЛОНГОС ЦАГААН ТОЛГОЙН ДЭВСГЭР ҮСГИЙН ХҮСНЭГТ]

※ 참고 : 받침 'ㄱ~ㅎ'(49p~62P)에서 학습할 내용

mp3	받침	가	나	다	라	마	바	사	아	자	차	카	타	파	하
	ㄱ	각	낙	닥	락	막	박	삭	악	작	착	칵	탁	팍	학
	ㄴ	간	난	단	란	만	반	산	안	잔	찬	칸	탄	판	한
	ㄷ	갇	낟	닫	랃	맏	받	삳	앋	잗	찯	칻	탇	팓	핟
	ㄹ	갈	날	달	랄	말	발	살	알	잘	찰	칼	탈	팔	할
	ㅁ	감	남	담	람	맘	밤	삼	암	잠	참	캄	탐	팜	함
	ㅂ	갑	납	답	랍	맙	밥	삽	압	잡	찹	캅	탑	팝	합
	ㅅ	갓	낫	닷	랏	맛	밧	삿	앗	잣	찻	캇	탓	팟	핫
	ㅇ	강	낭	당	랑	망	방	상	앙	장	창	캉	탕	팡	항
	ㅈ	갖	낮	닺	랒	맞	밪	샂	앚	잦	찾	캊	탖	팢	핮
	ㅊ	갗	낯	닻	랓	맟	밫	샃	앛	잧	찿	캋	탗	팣	핯
	ㅋ	갘	낰	닼	랔	맠	밬	샄	앜	잨	챀	캌	탘	팤	핰
	ㅌ	같	낱	닽	랕	맡	밭	샅	앝	잩	챁	캍	탙	팥	핱
	ㅍ	갚	낲	닾	랖	맢	밮	샆	앞	잪	챂	캎	탚	팦	핲
	ㅎ	갛	낳	닿	랗	맣	밯	샇	앟	잫	챃	캏	탛	팧	핳

제5장

자음과 겹모음

Хичээл-5
Гийгүүлэгч, хос эгшиг

국어국립원의 '우리말샘'에 등록되지 않은 글자. 또는 쓰임이 적은 글자를 아래와 같이 수록하니, 학습에 참고하시길 바랍니다.

페이지	'우리말샘'에 등록되지 않은 글자. 또는 쓰임이 적은 글자
42p	뎨(Dye) 볘(Bye) 졔(Jye) 쳬(Chye) 톄(Tye)
43p	돠(Dwa) 롸(Rwa) 뫄(Mwa) 톼(Twa) 퐈(Pwa)
44p	놰(Nwae) 뢔(Rwae) 뫠(Mwae) 쵀(Chwae) 퐤(Pwae)
46p	풔(Pwo)
48p	듸(Dui) 릐(Rui) 믜(Mui) 븨(Bui) 싀(Sui) 즤(Jui) 츼(Chui) 킈(Kui)
51p	랕(Rat) 앝(At) 챁(Chat) 캍(Kat) 탙(Tat) 퍁(Pat)
57p	샂(Sat) 캊(Kat) 탖(Tat) 팢(Pat) 핮(Hat)
58p	랓(Rat) 맟(Mat) 밫(Bat) 샃(Sat) 앛(At) 잧(Jat) 챷(Chat) 캋(Chat) 탗(Tat) 팣(Pat) 핯(Hat)
59p	갘(Gak) 낰(Nak) 닼(Dak) 랔(Rak) 맠(Mak) 밬(Bak) 샄(Sak) 잨(Jak) 챀(Chak) 캌(Kak) 팤(Pak) 핰(Hak)
60p	닽(Dat) 랕(Rat) 잩(Jat) 챁(Chat) 캍(Kat) 탙(Tat) 핱(Hat)
61p	닾(Dap) 맢(Map) 밮(Bap) 챂(Chap) 캎(Kap) 탚(Tap) 팦(Pap) 핲(Hap)
62p	밯(Bat) 샇(Sat) 앟(At) 잫(Jat) 챃(Chat) 캏(Kat) 탛(Tat) 팧(Pat) 핳(Hat)

01 자음+겹모음(ㅐ)

[Гийгүүлэгч+Хос эгшиг(ㅐ)]

 월  일

자음+겹모음(ㅐ) [Гийгүүлэгч+Хос эгшиг(ㅐ)]

다음 자음+겹모음(ㅐ)을 쓰는 순서에 맞게 따라 쓰세요.
(Дараах гийгүүлэгч+хос эгшиг(ㅐ)-ийг дарааллын дагуу дуурайж бичнэ үү.)

자음+겹모음(ㅐ)	영어 표기	쓰기						
ㄱ+ㅐ	Gae	개						
ㄴ+ㅐ	Nae	내						
ㄷ+ㅐ	Dae	대						
ㄹ+ㅐ	Rae	래						
ㅁ+ㅐ	Mae	매						
ㅂ+ㅐ	Bae	배						
ㅅ+ㅐ	Sae	새						
ㅇ+ㅐ	Ae	애						
ㅈ+ㅐ	Jae	재						
ㅊ+ㅐ	Chae	채						
ㅋ+ㅐ	Kae	캐						
ㅌ+ㅐ	Tae	태						
ㅍ+ㅐ	Pae	패						
ㅎ+ㅐ	Hae	해						

자음+겹모음(ㅔ)

[Гийгүүлэгч+Хос эгшиг(ㅔ)]

자음+겹모음(ㅔ) [Гийгүүлэгч+Хос эгшиг(ㅔ)]

다음 자음+겹모음(ㅔ)을 쓰는 순서에 맞게 따라 쓰세요.
(Дараах гийгүүлэгч+хос эгшиг(ㅔ)-ийг дарааллын дагуу дуурайж бичнэ үү.)

자음+겹모음(ㅔ)	영어 표기	쓰기						
ㄱ+ㅔ	Ge	게						
ㄴ+ㅔ	Ne	네						
ㄷ+ㅔ	De	데						
ㄹ+ㅔ	Re	레						
ㅁ+ㅔ	Me	메						
ㅂ+ㅔ	Be	베						
ㅅ+ㅔ	Se	세						
ㅇ+ㅔ	E	에						
ㅈ+ㅔ	Je	제						
ㅊ+ㅔ	Che	체						
ㅋ+ㅔ	Ke	케						
ㅌ+ㅔ	Te	테						
ㅍ+ㅔ	Pe	페						
ㅎ+ㅔ	He	헤						

자음+겹모음(ㅖ)

[Гийгүүлэгч+Хос эгшиг(ㅖ)]

자음+겹모음(ㅖ) [Гийгүүлэгч+Хос эгшиг(ㅖ)]

다음 자음+겹모음(ㅖ)을 쓰는 순서에 맞게 따라 쓰세요.
(Дараах гийгүүлэгч+хос эгшиг(ㅖ)-ийг дарааллын дагуу дуурайж бичнэ үү.)

자음+겹모음(ㅖ)	영어 표기	쓰기						
ㄱ+ㅖ	Gye	계						
ㄴ+ㅖ	Nye	녜						
ㄷ+ㅖ	Dye	뎨						
ㄹ+ㅖ	Rye	례						
ㅁ+ㅖ	Mye	몌						
ㅂ+ㅖ	Bye	볘						
ㅅ+ㅖ	Sye	셰						
ㅇ+ㅖ	Ye	예						
ㅈ+ㅖ	Jye	졔						
ㅊ+ㅖ	Chye	쳬						
ㅋ+ㅖ	Kye	켸						
ㅌ+ㅖ	Tye	톄						
ㅍ+ㅖ	Pye	폐						
ㅎ+ㅖ	Hye	혜						

04 자음+겹모음(ㅘ)

[Гийгүүлэгч+Хос эгшиг(ㅘ)]

월 일

자음+겹모음(ㅘ) [Гийгүүлэгч+Хос эгшиг(ㅘ)]

다음 자음+겹모음(ㅘ)을 쓰는 순서에 맞게 따라 쓰세요.
(Дараах гийгүүлэгч+хос эгшиг(ㅘ)-ийг дарааллын дагуу дуурайж бичнэ үү.)

자음+겹모음(ㅘ)	영어 표기	쓰기						
ㄱ+ㅘ	Gwa	과						
ㄴ+ㅘ	Nwa	놔						
ㄷ+ㅘ	Dwa	돠						
ㄹ+ㅘ	Rwa	롸						
ㅁ+ㅘ	Mwa	뫄						
ㅂ+ㅘ	Bwa	봐						
ㅅ+ㅘ	Swa	솨						
ㅇ+ㅘ	Wa	와						
ㅈ+ㅘ	Jwa	좌						
ㅊ+ㅘ	Chwa	촤						
ㅋ+ㅘ	Kwa	콰						
ㅌ+ㅘ	Twa	톼						
ㅍ+ㅘ	Pwa	퐈						
ㅎ+ㅘ	Hwa	화						

05 자음+겹모음(ㅙ)

[Гийгүүлэгч+Хос эгшиг(ㅙ)]

자음+겹모음(ㅙ) [Гийгүүлэгч+Хос эгшиг(ㅙ)]

다음 자음+겹모음(ㅙ)을 쓰는 순서에 맞게 따라 쓰세요.
(Дараах гийгүүлэгч+хос эгшиг(ㅙ)-ийг дарааллын дагуу дууража бичнэ үү.)

자음+겹모음(ㅙ)	영어 표기	쓰기						
ㄱ+ㅙ	Gwae	괘						
ㄴ+ㅙ	Nwae	놰						
ㄷ+ㅙ	Dwae	돼						
ㄹ+ㅙ	Rwae	뢔						
ㅁ+ㅙ	Mwae	뫠						
ㅂ+ㅙ	Bwae	봬						
ㅅ+ㅙ	Swae	쇄						
ㅇ+ㅙ	Wae	왜						
ㅈ+ㅙ	Jwae	좨						
ㅊ+ㅙ	Chwae	쵀						
ㅋ+ㅙ	Kwae	쾌						
ㅌ+ㅙ	Twae	퇘						
ㅍ+ㅙ	Pwae	퐤						
ㅎ+ㅙ	Hwae	홰						

자음+겹모음(ㅚ)

[Гийгүүлэгч+Хос эгшиг(ㅚ)]

자음+겹모음(ㅚ) [Гийгүүлэгч+Хос эгшиг(ㅚ)]

다음 자음+겹모음(ㅚ)을 쓰는 순서에 맞게 따라 쓰세요.
(Дараах гийгүүлэгч+хос эгшиг(ㅚ)-ийг дарааллын дагуу дуурайж бичнэ үү.)

자음+겹모음(ㅚ)	영어 표기	쓰기						
ㄱ+ㅚ	Goe	괴						
ㄴ+ㅚ	Noe	뇌						
ㄷ+ㅚ	Doe	되						
ㄹ+ㅚ	Roe	뢰						
ㅁ+ㅚ	Moe	뫼						
ㅂ+ㅚ	Boe	뵈						
ㅅ+ㅚ	Soe	쇠						
ㅇ+ㅚ	Oe	외						
ㅈ+ㅚ	Joe	죄						
ㅊ+ㅚ	Choe	최						
ㅋ+ㅚ	Koe	쾨						
ㅌ+ㅚ	Toe	퇴						
ㅍ+ㅚ	Poe	푀						
ㅎ+ㅚ	Hoe	회						

자음+겹모음(ㅝ)

[Гийгүүлэгч+Хос эгшиг(ㅝ)]

자음+겹모음(ㅝ) [Гийгүүлэгч+Хос эгшиг(ㅝ)]

다음 자음+겹모음(ㅝ)을 쓰는 순서에 맞게 따라 쓰세요.
(Дараах гийгүүлэгч+хос эгшиг(ㅝ)-ийг дарааллын дагуу дуурайж бичнэ үү.)

자음+겹모음(ㅝ)	영어 표기	쓰기						
ㄱ+ㅝ	Gwo	궈						
ㄴ+ㅝ	Nwo	눠						
ㄷ+ㅝ	Dwo	둬						
ㄹ+ㅝ	Rwo	뤄						
ㅁ+ㅝ	Mwo	뭐						
ㅂ+ㅝ	Bwo	붜						
ㅅ+ㅝ	Swo	숴						
ㅇ+ㅝ	Wo	워						
ㅈ+ㅝ	Jwo	줘						
ㅊ+ㅝ	Chwo	춰						
ㅋ+ㅝ	Kwo	쿼						
ㅌ+ㅝ	Two	퉈						
ㅍ+ㅝ	Pwo	풔						
ㅎ+ㅝ	Hwo	훠						

자음+겹모음(ㅟ)

[Гийгүүлэгч+Хос эгшиг(ㅟ)]

자음+겹모음(ㅟ) [Гийгүүлэгч+Хос эгшиг(ㅟ)]

다음 자음+겹모음(ㅟ)을 쓰는 순서에 맞게 따라 쓰세요.
(Дараах гийгүүлэгч+хос эгшиг(ㅟ)-ийг дарааллын дагуу дуурайж бичнэ үү.)

자음+겹모음(ㅟ)	영어 표기	쓰기						
ㄱ+ㅟ	Gwi	귀						
ㄴ+ㅟ	Nwi	뉘						
ㄷ+ㅟ	Dwi	뒤						
ㄹ+ㅟ	Rwi	뤼						
ㅁ+ㅟ	Mwi	뮈						
ㅂ+ㅟ	Bwi	뷔						
ㅅ+ㅟ	Swi	쉬						
ㅇ+ㅟ	Wi	위						
ㅈ+ㅟ	Jwi	쥐						
ㅊ+ㅟ	Chwi	취						
ㅋ+ㅟ	Kwi	퀴						
ㅌ+ㅟ	Twi	튀						
ㅍ+ㅟ	Pwi	퓌						
ㅎ+ㅟ	Hwi	휘						

자음+겹모음(ㅢ)

[Гийгүүлэгч+Хос эгшиг(ㅢ)]

자음+겹모음(ㅢ) [Гийгүүлэгч+Хос эгшиг(ㅢ)]

다음 자음+겹모음(ㅢ)을 쓰는 순서에 맞게 따라 쓰세요.
(Дараах гийгүүлэгч+хос эгшиг(ㅢ)-ийг дарааллын дагуу дуурайж бичнэ үү.)

자음+겹모음(ㅢ)	영어 표기	쓰기						
ㄱ+ㅢ	Gwi	긔						
ㄴ+ㅢ	Nwi	늬						
ㄷ+ㅢ	Dwi	듸						
ㄹ+ㅢ	Rwi	릐						
ㅁ+ㅢ	Mwi	믜						
ㅂ+ㅢ	Bwi	븨						
ㅅ+ㅢ	Swi	싀						
ㅇ+ㅢ	Wi	의						
ㅈ+ㅢ	Jwi	즤						
ㅊ+ㅢ	Chwi	츼						
ㅋ+ㅢ	Kwi	킈						
ㅌ+ㅢ	Twi	틔						
ㅍ+ㅢ	Pwi	픠						
ㅎ+ㅢ	Hwi	희						

받침 ㄱ(기역)이 있는 글자

['ㄱ'(Киёг) ҮСЭГ ДЭВСГЭРЛЭЖ ОРСОН ҮЕ]

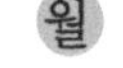

받침 ㄱ(기역) [Дэвсгэр үсэг 'ㄱ'(киёг)]

다음 받침 ㄱ(기역)이 들어간 글자를 쓰는 순서에 맞게 따라 쓰세요.
('ㄱ'(киёг) үсэг дэвсгэрлэж орсон үеийг дарааллын дагуу дуурайж бичнэ үү.)

받침 ㄱ(기역)	영어 표기	쓰기						
가+ㄱ	Gak	각						
나+ㄱ	Nak	낙						
다+ㄱ	Dak	닥						
라+ㄱ	Rak	락						
마+ㄱ	Mak	막						
바+ㄱ	Bak	박						
사+ㄱ	Sak	삭						
아+ㄱ	Ak	악						
자+ㄱ	Jak	작						
차+ㄱ	Chak	착						
카+ㄱ	Kak	칵						
타+ㄱ	Tak	탁						
파+ㄱ	Pak	팍						
하+ㄱ	Hak	학						

받침 ㄴ(니은)이 있는 글자

['ㄴ' (Ни-ын) ҮСЭГ ДЭВСГЭРЛЭЖ ОРСОН ҮЕ]

받침 ㄴ(니은) [Дэвсгэр үсэг 'ㄴ'(Ни-ын)]

다음 받침 ㄴ(니은)이 들어간 글자를 쓰는 순서에 맞게 따라 쓰세요.
('ㄴ'(Ни-ын) үсэг дэвсгэрлэж орсон үеийг дарааллын дагуу дуурайж бичнэ үү.)

받침 ㄴ(니은)	영어 표기	쓰기						
가+ㄴ	Gan	간						
나+ㄴ	Nan	난						
다+ㄴ	Dan	단						
라+ㄴ	Ran	란						
마+ㄴ	Man	만						
바+ㄴ	Ban	반						
사+ㄴ	San	산						
아+ㄴ	An	안						
자+ㄴ	Jan	잔						
차+ㄴ	Chan	찬						
카+ㄴ	Kan	칸						
타+ㄴ	Tan	탄						
파+ㄴ	Pan	판						
하+ㄴ	Han	한						

받침 ㄷ(디귿)이 있는 글자

['ㄷ' (Ди-гыт) ҮСЭГ ДЭВСГЭРЛЭЖ ОРСОН ҮЕ]

ㄷ 받침 ㄷ(디귿) [Дэвсгэр үсэг 'ㄷ'(Ди-гыт)]

다음 받침 ㄷ(디귿)이 들어간 글자를 쓰는 순서에 맞게 따라 쓰세요.
('ㄷ'(Ди-гыт) үсэг дэвсгэрлэж орсон үеийг дарааллын дагуу дуурайж бичнэ үү.)

받침 ㄷ(디귿)	영어 표기	쓰기						
가+ㄷ	Gat	갇						
나+ㄷ	Nat	낟						
다+ㄷ	Dat	닫						
라+ㄷ	Rat	랃						
마+ㄷ	Mat	맏						
바+ㄷ	Bat	받						
사+ㄷ	Sat	삳						
아+ㄷ	At	앋						
자+ㄷ	Jat	잗						
차+ㄷ	Chat	찯						
카+ㄷ	Kat	칻						
타+ㄷ	Tat	탇						
파+ㄷ	Pat	팓						
하+ㄷ	Hat	핟						

13 받침 ㄹ(리을)이 있는 글자

['ㄹ'(Ри-ыл) ҮСЭГ ДЭВСГЭРЛЭЖ ОРСОН ҮЕ]

월

일

받침 ㄹ(리을) [Дэвсгэр үсэг 'ㄹ'(Ри-ыл)]

다음 받침 ㄹ(리을)이 들어간 글자를 쓰는 순서에 맞게 따라 쓰세요.
('ㄹ'(Ри-ыл) үсэг дэвсгэрлэж орсон үеийг дарааллын дагуу дуурайж бичнэ үү.)

받침 ㄹ(리을)	영어 표기	쓰기						
가+ㄹ	Gal	갈						
나+ㄹ	Nal	날						
다+ㄹ	Dal	달						
라+ㄹ	Ral	랄						
마+ㄹ	Mal	말						
바+ㄹ	Bal	발						
사+ㄹ	Sal	살						
아+ㄹ	Al	알						
자+ㄹ	Jal	잘						
차+ㄹ	Chal	찰						
카+ㄹ	Kal	칼						
타+ㄹ	Tal	탈						
파+ㄹ	Pal	팔						
하+ㄹ	Hal	할						

받침 ㅁ(미음)이 있는 글자

[‘ㅁ’(Ми-ым) ҮСЭГ ДЭВСГЭРЛЭЖ ОРСОН ҮЕ]

받침 ㅁ(미음) [Дэвсгэр үсэг ‘ㅁ’(Ми-ым)]

다음 받침 ㅁ(미음)이 들어간 글자를 쓰는 순서에 맞게 따라 쓰세요.
(‘ㅁ’(Ми-ым) үсэг дэвсгэрлэж орсон үеийг дарааллын дагуу дуурайж бичнэ үү.)

받침 ㅁ(미음)	영어 표기	쓰기						
가+ㅁ	Gam	감						
나+ㅁ	Nam	남						
다+ㅁ	Dam	담						
라+ㅁ	Ram	람						
마+ㅁ	Mam	맘						
바+ㅁ	Bam	밤						
사+ㅁ	Sam	삼						
아+ㅁ	Am	암						
자+ㅁ	Jam	잠						
차+ㅁ	Cham	참						
카+ㅁ	Kam	캄						
타+ㅁ	Tam	탐						
파+ㅁ	Pam	팜						
하+ㅁ	Ham	함						

받침 ㅂ(비읍)이 있는 글자

['ㅂ'(Би-ып) ҮСЭГ ДЭВСГЭРЛЭЖ ОРСОН ҮЕ]

받침 ㅂ(비읍) [Дэвсгэр үсэг 'ㅂ'(Би-ып)]

다음 받침 ㅂ(비읍)이 들어간 글자를 쓰는 순서에 맞게 따라 쓰세요.
('ㅂ'(Би-ып) үсэг дэвсгэрлэж орсон үеийг дарааллын дагуу дуурайж бичнэ үү.)

받침 ㅂ(비읍)	영어 표기	쓰기						
가+ㅂ	Gap	갑						
나+ㅂ	Nap	납						
다+ㅂ	Dap	답						
라+ㅂ	Rap	랍						
마+ㅂ	Map	맙						
바+ㅂ	Bap	밥						
사+ㅂ	Sap	삽						
아+ㅂ	Ap	압						
자+ㅂ	Jap	잡						
차+ㅂ	Chap	찹						
카+ㅂ	Kap	캅						
타+ㅂ	Tap	탑						
파+ㅂ	Pap	팝						
하+ㅂ	Hap	합						

받침 ㅅ(시옷)이 있는 글자

['ㅅ'(Ши-ут) ҮСЭГ ДЭВСГЭРЛЭЖ ОРСОН ҮЕ]

받침 ㅅ(시옷) [Дэвсгэр үсэг 'ㅅ'(Ши-ут)]

다음 받침 ㅅ(시옷)이 들어간 글자를 쓰는 순서에 맞게 따라 쓰세요.
('ㅅ'(Ши-ут) үсэг дэвсгэрлэж орсон үеийг дарааллын дагуу дуурайж бичнэ үү.)

받침 ㅅ(시옷)	영어 표기	쓰기						
가+ㅅ	Gat	갓						
나+ㅅ	Nat	낫						
다+ㅅ	Dat	닷						
라+ㅅ	Rat	랏						
마+ㅅ	Mat	맛						
바+ㅅ	Bat	밧						
사+ㅅ	Sat	삿						
아+ㅅ	At	앗						
자+ㅅ	Jat	잣						
차+ㅅ	Chat	찻						
카+ㅅ	Kat	캇						
타+ㅅ	Tat	탓						
파+ㅅ	Pat	팟						
하+ㅅ	Hat	핫						

17 받침 ㅇ(이응)이 있는 글자
['ㅇ'(И-ын) ҮСЭГ ДЭВСГЭРЛЭЖ ОРСОН ҮЕ]

 월  일

받침 ㅇ(이응) [Дэвсгэр үсэг 'ㅇ'(И-ын)]

다음 받침 ㅇ(이응)이 들어간 글자를 쓰는 순서에 맞게 따라 쓰세요.
('ㅇ'(И-ын) үсэг дэвсгэрлэж орсон үеийг дарааллын дагуу дуурайж бичнэ үү.)

받침 ㅇ(이응)	영어 표기	쓰기						
가+ㅇ	Gang	강						
나+ㅇ	Nang	낭						
다+ㅇ	Dang	당						
라+ㅇ	Rang	랑						
마+ㅇ	Mang	망						
바+ㅇ	Bang	방						
사+ㅇ	Sang	상						
아+ㅇ	Ang	앙						
자+ㅇ	Jang	장						
차+ㅇ	Chang	창						
카+ㅇ	Kang	캉						
타+ㅇ	Tang	탕						
파+ㅇ	Pang	팡						
하+ㅇ	Hang	항						

받침 ㅈ(지읒)이 있는 글자

['ㅈ'(Жи-ыт) ҮСЭГ ДЭВСГЭРЛЭЖ ОРСОН ҮЕ]

받침 ㅈ(지읒) [Дэвсгэр үсэг 'ㅈ'(Жи-ыт)]

다음 받침 ㅈ(지읒)이 들어간 글자를 쓰는 순서에 맞게 따라 쓰세요.
('ㅈ'(Жи-ыт) үсэг дэвсгэрлэж орсон үеийг дарааллын дагуу дуурайж бичнэ үү.)

받침 ㅈ(지읒)	영어 표기	쓰기						
가+ㅈ	Gat	갖						
나+ㅈ	Nat	낮						
다+ㅈ	Dat	닺						
라+ㅈ	Rat	랒						
마+ㅈ	Mat	맞						
바+ㅈ	Bat	밪						
사+ㅈ	Sat	삿						
아+ㅈ	At	앚						
자+ㅈ	Jat	잦						
차+ㅈ	Chat	찾						
카+ㅈ	Kat	캊						
타+ㅈ	Tat	탖						
파+ㅈ	Pat	팢						
하+ㅈ	Hat	핮						

받침 ㅊ(치읓)이 있는 글자

['ㅊ'(Чи-ыт) ҮСЭГ ДЭВСГЭРЛЭЖ ОРСОН ҮЕ]

받침 ㅊ(치읓) [Дэвсгэр үсэг 'ㅊ'(Чи-ыт)]

다음 받침 ㅊ(치읓)이 들어간 글자를 쓰는 순서에 맞게 따라 쓰세요.
('ㅊ'(Чи-ыт) үсэг дэвсгэрлэж орсон үеийг дарааллын дагуу дууражй бичнэ үү.)

받침 ㅊ(치읓)	영어 표기	쓰기						
가+ㅊ	Gat	갖						
나+ㅊ	Nat	낮						
다+ㅊ	Dat	닺						
라+ㅊ	Rat	랒						
마+ㅊ	Mat	맞						
바+ㅊ	Bat	밪						
사+ㅊ	Sat	샃						
아+ㅊ	At	앛						
자+ㅊ	Jat	잧						
차+ㅊ	Chat	찿						
카+ㅊ	Kat	캋						
타+ㅊ	Tat	탗						
파+ㅊ	Pat	팣						
하+ㅊ	Hat	핯						

받침 ㅋ(키읔)이 있는 글자

['ㅋ'(Ки-ык) ҮСЭГ ДЭВСГЭРЛЭЖ ОРСОН ҮЕ]

월 일

받침 ㅋ(키읔) [Дэвсгэр үсэг 'ㅋ'(Ки-ык)]

다음 받침 ㅋ(키읔)이 들어간 글자를 쓰는 순서에 맞게 따라 쓰세요.
('ㅋ'(Ки-ык) үсэг дэвсгэрлэж орсон үеийг дарааллын дагуу дуурайж бичнэ үү.)

받침 ㅋ(키읔)	영어 표기	쓰기						
가+ㅋ	Gak	�METHOD						
나+ㅋ	Nak	낰						
다+ㅋ	Dak	닼						
라+ㅋ	Rak	랔						
마+ㅋ	Mak	맠						
바+ㅋ	Bak	밬						
사+ㅋ	Sak	샄						
아+ㅋ	Ak	앜						
자+ㅋ	Jak	잨						
차+ㅋ	Chak	챀						
카+ㅋ	Kak	캌						
타+ㅋ	Tak	탘						
파+ㅋ	Pak	팤						
하+ㅋ	Hak	핰						

받침 ㅌ(티읕)이 있는 글자

['ㅌ'(Ти-ыт) ҮСЭГ ДЭВСГЭРЛЭЖ ОРСОН ҮЕ]

받침 ㅌ(티읕) [Дэвсгэр үсэг 'ㅌ'(Ти-ыт)]

다음 받침 ㅌ(티읕)이 들어간 글자를 쓰는 순서에 맞게 따라 쓰세요.
('ㅌ'(Ти-ыт) үсэг дэвсгэрлэж орсон үеийг дарааллын дагуу дуурайж бичнэ үү.)

받침 ㅌ(티읕)	영어 표기	쓰기						
가+ㅌ	Gat	같						
나+ㅌ	Nat	낱						
다+ㅌ	Dat	닽						
라+ㅌ	Rat	랕						
마+ㅌ	Mat	맡						
바+ㅌ	Bat	밭						
사+ㅌ	Sat	샅						
아+ㅌ	At	앝						
자+ㅌ	Jat	잩						
차+ㅌ	Chat	챁						
카+ㅌ	Kat	캍						
타+ㅌ	Tat	탙						
파+ㅌ	Pat	팥						
하+ㅌ	Hat	핱						

22 받침 ㅍ(피읖)이 있는 글자

['ㅍ'(Пи-ып) ҮСЭГ ДЭВСГЭРЛЭЖ ОРСОН ҮЕ]

 월 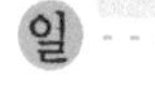 일

받침 ㅍ(피읖) [Дэвсгэр үсэг 'ㅍ'(Пи-ып)]

다음 받침 ㅍ(피읖)이 들어간 글자를 쓰는 순서에 맞게 따라 쓰세요.
('ㅍ'(Пи-ып) үсэг дэвсгэрлэж орсон үеийг дарааллын дагуу дуурайж бичнэ үү.)

받침 ㅍ(피읖)	영어 표기	쓰기						
가+ㅍ	Gap	갚						
나+ㅍ	Nap	낲						
다+ㅍ	Dap	닾						
라+ㅍ	Rap	랖						
마+ㅍ	Map	맢						
바+ㅍ	Bap	밮						
사+ㅍ	Sap	샆						
아+ㅍ	Ap	앞						
자+ㅍ	Jap	잪						
차+ㅍ	Chap	챂						
카+ㅍ	Kap	캎						
타+ㅍ	Tap	탚						
파+ㅍ	Pap	팦						
하+ㅍ	Hap	핲						

받침 ㅎ(히읗)이 있는 글자

[‘ㅎ’(Хи-ыт) ҮСЭГ ДЭВСГЭРЛЭЖ ОРСОН ҮЕ]

받침 ㅎ(히읗) [Дэвсгэр үсэг ‘ㅎ’(Хи-ыт)]

다음 받침 ㅎ(히읗)이 들어간 글자를 쓰는 순서에 맞게 따라 쓰세요.
(‘ㅎ’(Хи-ыт) үсэг дэвсгэрлэж орсон үеийг дарааллын дагуу дуурайж бичнэ үү.)

받침 ㅎ(히읗)	영어 표기	쓰기						
가+ㅎ	Gat	갛						
나+ㅎ	Nat	낳						
다+ㅎ	Dat	닿						
라+ㅎ	Rat	랗						
마+ㅎ	Mat	맣						
바+ㅎ	Bat	밯						
사+ㅎ	Sat	샇						
아+ㅎ	At	앟						
자+ㅎ	Jat	잫						
차+ㅎ	Chat	챃						
카+ㅎ	Kat	캏						
타+ㅎ	Tat	탛						
파+ㅎ	Pat	팧						
하+ㅎ	Hat	핳						

제6장

주제별 낱말

Хичээл-6

Сэдэв бүрээр ангилсан үгийн сан

과일 [жимс]

월 일

■ 다음을 쓰는 순서에 맞게 따라 쓰세요.
(Дараах үгийг дарааллын дагуу дуурайж бичнэ үү.)

사과 алим	사	과						
배 лийр	배							
바나나 гадил	바	나	나					
딸기 гүзээлзгэнэ	딸	기						
토마토 улаан лооль	토	마	토					

과일 [жимс]

월 일

■ 다음을 쓰는 순서에 맞게 따라 쓰세요.
(Дараах үгийг дарааллын дагуу дуурайж бичнэ үү.)

수박 тарвас	수	박						
복숭아 тоор	복	숭	아					
오렌지 жүрж	오	렌	지					
귤 мандирин	귤							
키위 киви	키	위						

과일 [жимс]

■ 다음을 쓰는 순서에 맞게 따라 쓰세요.
(Дараах үгийг дарааллын дагуу дуурайж бичнэ үү.)

참외 амтат гуа	참	외						
파인애플 хан боргоцой	파	인	애	플				
레몬 нимбэг	레	몬						
감 илжгэн чих	감							
포도 усан үзэм	포	도						

동물 [АМЬТАН]

월 일

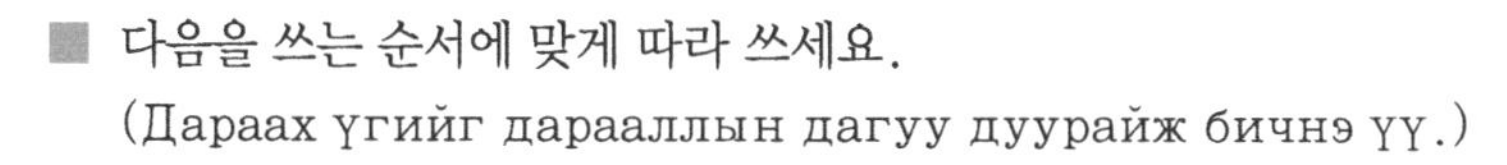

■ 다음을 쓰는 순서에 맞게 따라 쓰세요.
(Дараах үгийг дарааллын дагуу дуурайж бичнэ үү.)

타조 тэмээн хяруул

타	조						

호랑이 бар

호	랑	이					

사슴 буга

사	슴						

고양이 муур

고	양	이					

여우 үнэг

여	우						

동물 [АМЬТАН]

월 일

■ 다음을 쓰는 순서에 맞게 따라 쓰세요.
(Дараах үгийг дараалллын дагуу дуурайж бичнэ үү.)

사자 арслан	사	자						
코끼리 заан	코	끼	리					
돼지 гахай	돼	지						
강아지 гөлөг	강	아	지					
토끼 туулай	토	끼						

동물 [АМЬТАН]

월 일

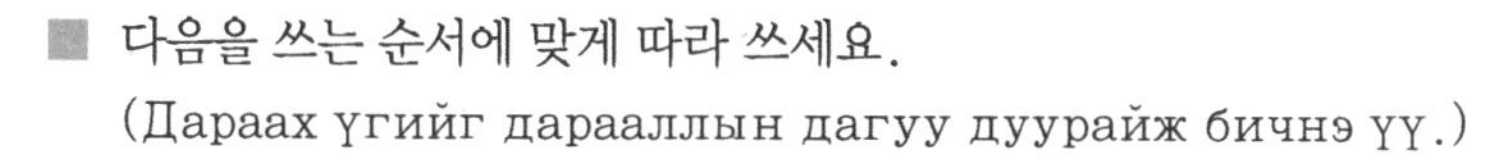

■ 다음을 쓰는 순서에 맞게 따라 쓰세요.
(Дараах үгийг дарааллын дагуу дуурайж бичнэ үү.)

기	린						
곰							
원	숭	이					
너	구	리					
거	북	이					

기린 анааш

곰 баавгай

원숭이 сармагчин

너구리 элбэнх

거북이 яст мэлхий

03 채소 [ХҮНСНИЙ НОГОО]

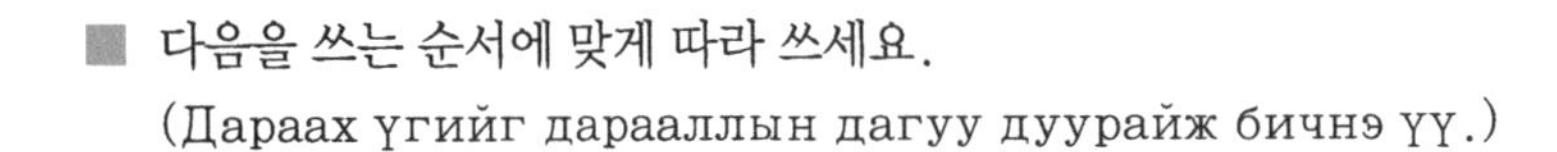

■ 다음을 쓰는 순서에 맞게 따라 쓰세요.
(Дараах үгийг дарааллын дагуу дуурайж бичнэ үү.)

배추 байцаа	배	추						
당근 лууван	당	근						
마늘 сармис	마	늘						
시금치 бууцай	시	금	치					
미나리 яншуй	미	나	리					

채소 [ХҮНСНИЙ НОГОО]

월 일

■ 다음을 쓰는 순서에 맞게 따라 쓰세요.

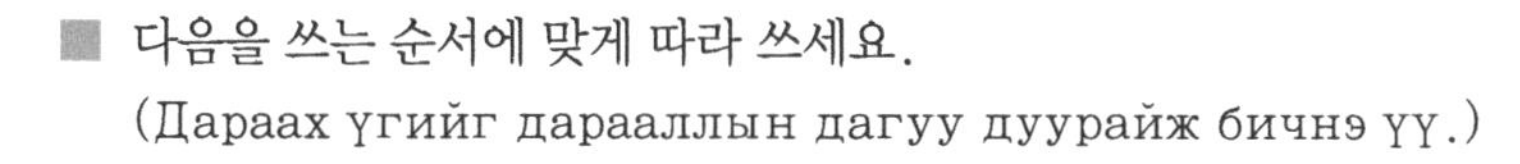

(Дараах үгийг дараалын дагуу дуурайж бичнэ үү.)

무 цагаан лууван	무							
상추 цэцэгт байцаа	상	추						
양파 сонгино	양	파						
부추 жууцай	부	추						
감자 төмс	감	자						

채소 [ХҮНСНИЙ НОГОО]

월 일

■ 다음을 쓰는 순서에 맞게 따라 쓰세요.
(Дараах үгийг дарааллын дагуу дуурайж бичнэ үү.)

오이 өргөст хэмх	오	이						
파 ногоон сонгино	파							
가지 хаш	가	지						
고추 чинжүү	고	추						
양배추 бөөрөнхий байцаа	양	배	추					

직업 [МЭРГЭЖИЛ]

월 일

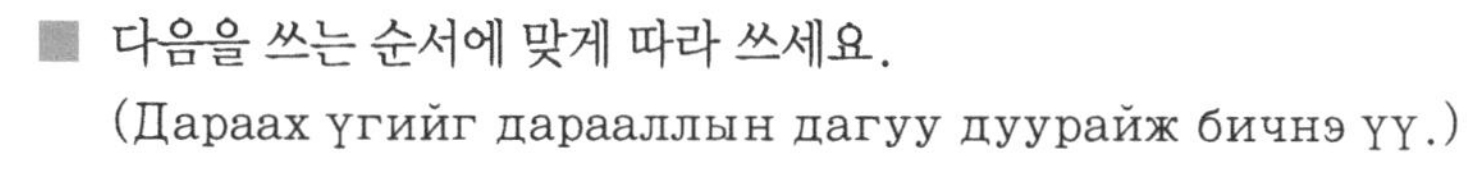

■ 다음을 쓰는 순서에 맞게 따라 쓰세요.
(Дараах үгийг дарааллын дагуу дуурайж бичнэ үү.)

경찰관 цагдаа	경	찰	관					
소방관 гал сөнөөгч	소	방	관					
요리사 тогооч	요	리	사					
환경미화원 цэвэрлэгч	환	경	미	화	원			
화가 зураач	화	가						

직업 [МЭРГЭЖИЛ]

월 일

■ 다음을 쓰는 순서에 맞게 따라 쓰세요.
(Дараах үгийг дараалллын дагуу дуурайж бичнэ үү.)

간	호	사					
회	사	원					
미	용	사					
가	수						
소	설	가					

간호사 сувилагч

회사원 компаний ажилтан

미용사 үсчин

가수 дуучин

소설가 зохиолч

직업 [МЭРГЭЖИЛ]

월 일

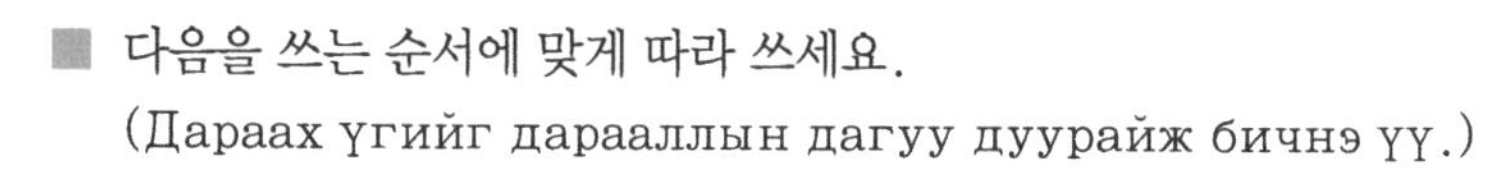

■ 다음을 쓰는 순서에 맞게 따라 쓰세요.
(Дараах үгийг дарааллын дагуу дуурайж бичнэ үү.)

의사 эмч	의	사						
선생님 багш	선	생	님					
주부 гэрийн эзэгтэй	주	부						
운동선수 тамирчин	운	동	선	수				
우편집배원 шуудан зөөгч	우	편	집	배	원			

음식 [ХООЛ]

월 일

■ 다음을 쓰는 순서에 맞게 따라 쓰세요.
(Дараах үгийг дарааллын дагуу дуурайж бичнэ үү.)

김치찌개 кимчитэй шөл	김	치	찌	개				
미역국 далайн ба йцаатай шөл	미	역	국					
김치볶음밥 кимчи будаатай хуурга	김	치	볶	음	밥			
돈가스 котлет	돈	가	스					
국수 гоймонтой шөл	국	수						

음식 [ХООЛ]

월 일

■ 다음을 쓰는 순서에 맞게 따라 쓰세요.
(Дараах үгийг дарааллын дагуу дуурайж бичнэ үү.)

된장찌개 шар буур цагны жантай шөл	된	장	찌	개				
불고기 амталж шарсан үхрийн мах	불	고	기					
김밥 кимбаб	김	밥						
라면 бэлэн гоймон	라	면						
떡 цагаан будааны жигнэмэг	떡							

음식 [ХООЛ]

월 일

■ 다음을 쓰는 순서에 맞게 따라 쓰세요.
(Дараах үгийг дарааллын дагуу дуурайж бичнэ үү.)

순두부찌개 зөөлөн дүпүтэй шөл

순	두	부	찌	개			

비빔밥 бибимбаб

비	빔	밥					

만두 банш

만	두						

피자 пицца

피	자						

케이크 бялуу

케	이	크					

위치 [БАЙРЛАЛ]

월 일

■ 다음을 쓰는 순서에 맞게 따라 쓰세요.
(Дараах үгийг дарааллын дагуу дуурайж бичнэ үү.)

앞							
뒤							
위							
아	래						
오	른	쪽					

앞 урд

뒤 хойно

위 дээшээ

아래 доошоо

오른쪽 баруун тал

위치 [БАЙРЛАЛ]

월 일

■ 다음을 쓰는 순서에 맞게 따라 쓰세요.
(Дараах үгийг дарааллын дагуу дууран бичнэ үү.)

왼쪽 зүүн тал	왼	쪽						
옆 хажууд	옆							
안 дотор	안							
밖 гадна	밖							
밑 доор	밑							

위치 [БАЙРЛАЛ]

월 일

■ 다음을 쓰는 순서에 맞게 따라 쓰세요.
(Дараах үгийг дарааллын дагуу дуурайж бичнэ үү.)

사이 дунд	사	이						
동쪽 хойд зүг	동	쪽						
서쪽 баруун зүг	서	쪽						
남쪽 өмнө зүг	남	쪽						
북쪽 хойд зүг	북	쪽						

07 탈것 [ТЭЭВРИЙН ХЭРЭГСЭЛ]

월 일

■ 다음을 쓰는 순서에 맞게 따라 쓰세요.
(Дараах үгийг дарааллын дагуу дуурайж бичнэ үү.)

버스 автобус

버	스						

비행기
нисэх онгоц

비	행	기					

배 усан онгоц

배							

오토바이
мотоцикл

오	토	바	이				

소방차 гал унтраа
х машин

소	방	차					

탈것 [ТЭЭВРИЙН ХЭРЭГСЭЛ]

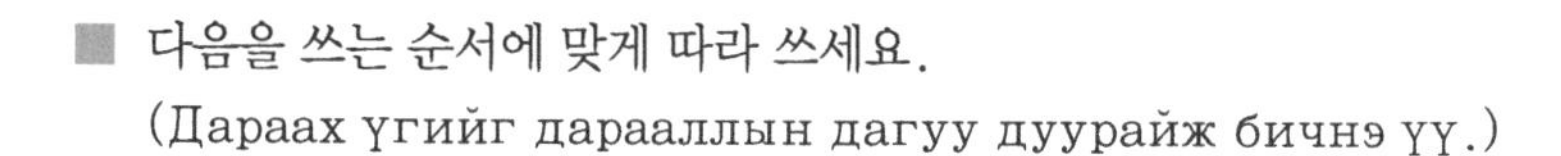

■ 다음을 쓰는 순서에 맞게 따라 쓰세요.
(Дараах үгийг дарааллын дагуу дуурайж бичнэ үү.)

자동차 машин	자	동	차					
지하철 метро	지	하	철					
기차 галт тэрэг	기	차						
헬리콥터 нисдэг тэрэг	헬	리	콥	터				
포클레인 экскаватор	포	클	레	인				

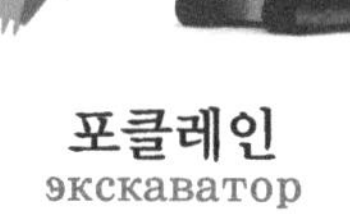

탈것 [ТЭЭВРИЙН ХЭРЭГСЭЛ]

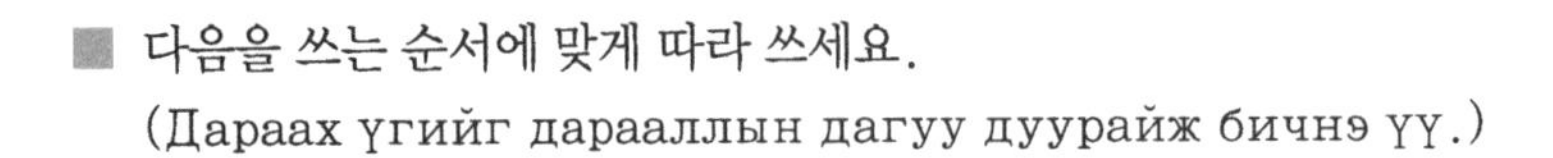

■ 다음을 쓰는 순서에 맞게 따라 쓰세요.
(Дараах үгийг дараалын дагуу дуурайж бичнэ үү.)

택시 такси	택	시						
자전거 дугуй	자	전	거					
트럭 ачааны машин	트	럭						
구급차 түргэн тусламжийн машин	구	급	차					
기구 агаарын бөмбөлөг	기	구						

08 장소 [ГАЗАР]

월 일

■ 다음을 쓰는 순서에 맞게 따라 쓰세요.
(Дараах үгийг дарааллын дагуу дуурайж бичнэ үү.)

집 гэр	집							
학교 сургууль	학	교						
백화점 их дэлгүүр	백	화	점					
우체국 шуудан	우	체	국					
약국 эмийн сан	약	국						

장소 [ГАЗАР]

월 일

■ 다음을 쓰는 순서에 맞게 따라 쓰세요.
(Дараах үгийг дарааллын дагуу дуурайж бичнэ үү.)

시장 зах	시	장						
식당 цайны газар	식	당						
슈퍼마켓 супер маркет	슈	퍼	마	켓				
서점 номын дэлгүүр	서	점						
공원 цэцэрлэгт хүрээлэн	공	원						

08

장소 [ГАЗАР]

월 일

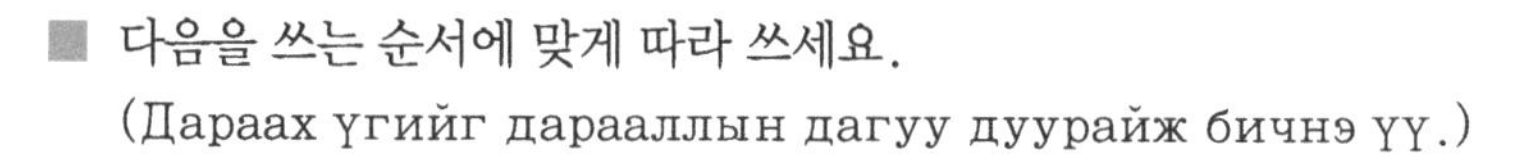

■ 다음을 쓰는 순서에 맞게 따라 쓰세요.
(Дараах үгийг дарааллын дагуу дуурайж бичнэ үү.)

은행 банк	은	행						
병원 эмнэлэг	병	원						
문구점 бичиг хэрэгслийн дэлгүүр	문	구	점					
미용실 үсчин	미	용	실					
극장 кино театр	극	장						

계절, 날씨 [УЛИРАЛ, ЦАГ АГААР]

■ 다음을 쓰는 순서에 맞게 따라 쓰세요.
(Дараах үгийг дараалын дагуу дуурайж бичнэ үү.)

봄 хавар	봄							
여름 зун	여	름						
가을 намар	가	을						
겨울 өвөл	겨	울						
맑다 цэлмэг	맑	다						

계절, 날씨 [УЛИРАЛ, ЦАГ АГААР]

■ 다음을 쓰는 순서에 맞게 따라 쓰세요.
(Дараах үгийг дарааллын дагуу дуурайж бичнэ үү.)

흐	리	다					
바	람	이		분	다		
비	가		온	다			
비	가		그	친	다		
눈	이		온	다			

흐리다 бүрхэг

바람이 분다
салхилах

비가 온다
бороо орох

비가 그친다
бороо зогсох

눈이 온다
цас орох

계절, 날씨 [УЛИРАЛ, ЦАГ АГААР]

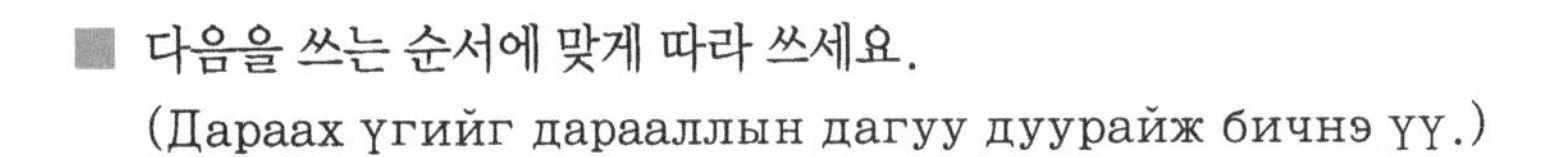

■ 다음을 쓰는 순서에 맞게 따라 쓰세요.
(Дараах үгийг дарааллын дагуу дуурайж бичнэ үү.)

구	름	이		낀	다		
덥	다						
춥	다						
따	뜻	하	다				
시	원	하	다				

구름이 낀다
үүлших

덥다 халуун

춥다 хүйтэн

따뜻하다 дулаан

시원하다 сэрүүн

집 안의 사물 [ГЭРИЙН ТАВИЛГА]

■ 다음을 쓰는 순서에 맞게 따라 쓰세요.
(Дараах үгийг дарааллын дагуу дуурайж бичнэ үү.)

소파 буйдан

욕조 ванн

거울 толь

샤워기 шүршүүр

변기 суултуур

소	파						
욕	조						
거	울						
샤	워	기					
변	기						

집 안의 사물 [ГЭРИЙН ТАВИЛГА]

■ 다음을 쓰는 순서에 맞게 따라 쓰세요.
(Дараах үгийг дараалын дагуу дуурайж бичнэ үү.)

싱크대 галт тогооны угаалтуур	싱	크	대					
부엌 гал тогоо	부	엌						
거실 зочны өрөө	거	실						
안방 гэрийн эзний унтлагын өрөө	안	방						
옷장 хувцасны шүүгээ	옷	장						

집 안의 사물 [ГЭРИЙН ТАВИЛГА]

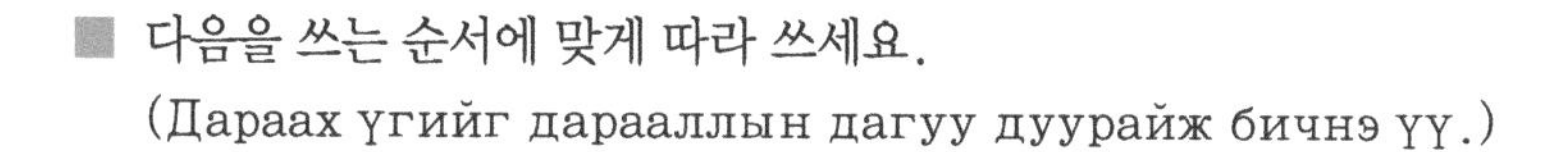

■ 다음을 쓰는 순서에 맞게 따라 쓰세요.
(Дараах үгийг дарааллын дагуу дуурайж бичнэ үү.)

화장대 гоо сайхны ширээ	화	장	대					
식탁 хоолны ширээ	식	탁						
책장 номын тавиур	책	장						
작은방 жижиг өрөө	작	은	방					
침대 ор	침	대						

가족 명칭 [АХ ДҮҮ, ХАМААТАН САДНЫГ АВГАЙЛАН ДУУДАХ НЭР]

월 일

■ 다음을 쓰는 순서에 맞게 따라 쓰세요.
(Дараах үгийг дарааллын дагуу дуурайж бичнэ үү.)

할머니 эмээ	할	머	니					
할아버지 өвөө	할	아	버	지				
아버지 аав	아	버	지					
어머니 ээж	어	머	니					
오빠 ах(эмэгтэй хүн)	오	빠						

가족 명칭 [АХ ДҮҮ, ХАМААТАН САДНЫГ АВГАЙЛАН ДУУДАХ НЭР]

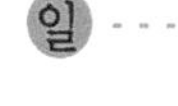

■ 다음을 쓰는 순서에 맞게 따라 쓰세요.
(Дараах үгийг дараалын дагуу дуурайж бичнэ үү.)

형 ах(эрэгтэй хүн)	형							
나 би	나							
남동생 эрэгтэй дүү	남	동	생					
여동생 эмэгтэй дүү	여	동	생					
언니 эгч(эмэгтэй хүн)	언	니						

가족 명칭 [АХ ДҮҮ, ХАМААТАН САДНЫГ АВГАЙЛАН ДУУДАХ НЭР]

 월  일

■ 다음을 쓰는 순서에 맞게 따라 쓰세요.
(Дараах үгийг дарааллын дагуу дуурайж бичнэ үү.)

누나 эгч(эрэгтэй хүн)	누	나						
삼촌 авга ах	삼	촌						
고모 авга эгч	고	모						
이모 нагац эгч	이	모						
이모부 нагац эгчийн нөхөр	이	모	부					

학용품 [ХИЧЭЭЛИЙН ХЭРЭГСЭЛ]

월 일

■ 다음을 쓰는 순서에 맞게 따라 쓰세요.
(Дараах үгийг дарааллын дагуу дуурайж бичнэ үү.)

공책 дэвтэр	공	책						
스케치북 зургийн дэвтэр	스	케	치	북				
색연필 өнгийн харандаа	색	연	필					
가위 хайч	가	위						
풀 цавуу	풀							

12 학용품 [ХИЧЭЭЛИЙН ХЭРЭГСЭЛ]

 월  일

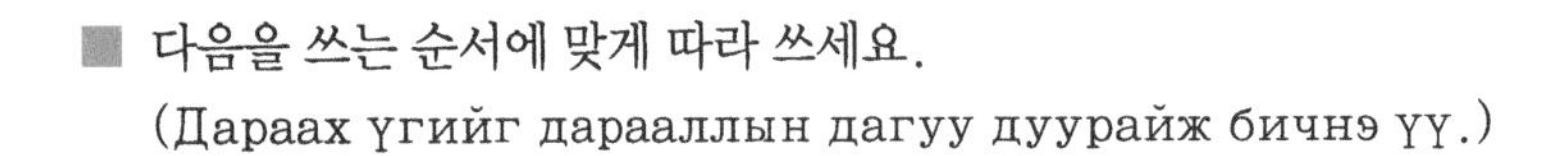

■ 다음을 쓰는 순서에 맞게 따라 쓰세요.
(Дараах үгийг дараалгын дагуу дуурайж бичнэ үү.)

일기장 өдрийн тэм дэглэлийн дэвтэр	일	기	장					
연필 харандаа	연	필						
칼 цаасны хутга	칼							
물감 усан будаг	물	감						
자 шугам	자							

학용품 [ХИЧЭЭЛИЙН ХЭРЭГСЭЛ]

월 일

■ 다음을 쓰는 순서에 맞게 따라 쓰세요.
(Дараах үгийг дарааллын дагуу дуурайж бичнэ үү.)

색종이 өнгийн цаас	색	종	이					
사인펜 үзэг	사	인	펜					
크레파스 тосон будгийн харандаа	크	레	파	스				
붓 бийр	붓							
지우개 баллуур	지	우	개					

13 꽃 [цэцэг]

월 일

■ 다음을 쓰는 순서에 맞게 따라 쓰세요.
(Дараах үгийг дарааллын дагуу дуурайж бичнэ үү.)

장미 сарнай	장	미						
진달래 далийн ягаан	진	달	래					
민들레 багваахай	민	들	레					
나팔꽃 имопея	나	팔	꽃					
맨드라미 тахиан залаа	맨	드	라	미				

꽃 [ЦЭЦЭГ]

월 일

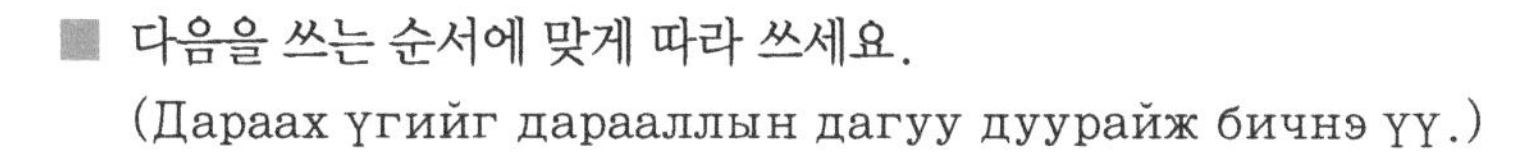
■ 다음을 쓰는 순서에 맞게 따라 쓰세요.
(Дараах үгийг дарааллын дагуу дуурайж бичнэ үү.)

개나리 форситиа	개	나	리					
벚꽃 интоорын цэцэг	벚	꽃						
채송화 портулак	채	송	화					
국화 шар удвал	국	화						
무궁화 гин цэцэг	무	궁	화					

꽃 [ЦЭЦЭГ]

월 일

■ 다음을 쓰는 순서에 맞게 따라 쓰세요.
(Дараах үгийг дарааллын дагуу дуурайж бичнэ үү.)

튤립 алтанзул	튤	립						
봉숭아 бальзам	봉	숭	아					
해바라기 наранцэцэг	해	바	라	기				
카네이션 лиш цэцэг	카	네	이	션				
코스모스 космос	코	스	모	스				

나라 이름 [УЛСЫН НЭР]

월 일

■ 다음을 쓰는 순서에 맞게 따라 쓰세요.
(Дараах үгийг дарааллын дагуу дуурайж бичнэ үү.)

 한국 Солонгос	한 국
 필리핀 Филиппин	필 리 핀
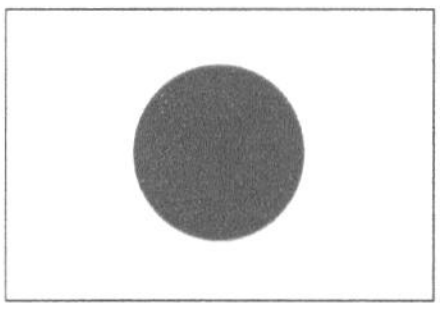 일본 Япон	일 본
 캄보디아 Камбож	캄 보 디 아
 아프가니스탄 Афганистан	아 프 가 니 스 탄

나라 이름 [УЛСЫН НЭР]

■ 다음을 쓰는 순서에 맞게 따라 쓰세요.
(Дараах үгийг дарааллын дагуу дуурайж бичнэ үү.)

중국 Хятад	중	국					
태국 Тайланд	태	국					
베트남 Вьетнам	베	트	남				
인도 Энэтхэг	인	도					
영국 Англи	영	국					

나라 이름 [УЛСЫН НЭР]

월 일

■ 다음을 쓰는 순서에 맞게 따라 쓰세요.
(Дараах үгийг дарааллын дагуу дуурайж бичнэ үү.)

미	국						
몽	골						
우	즈	베	키	스	탄		
러	시	아					
캐	나	다					

미국 АНУ

몽골 Монгол

우즈베키스탄 Узбекстан

러시아 Орос

캐나다 Канад

악기 [ХӨГЖМИЙН ЗЭМСЭГ]

월 일

■ 다음을 쓰는 순서에 맞게 따라 쓰세요.
(Дараах үгийг дарааллын дагуу дуурайж бичнэ үү.)

기	타						
북							
트	라	이	앵	글			
하	모	니	카				
징							

기타 гитар

북 бөмбөр

트라이앵글
триугольник

하모니카
аман хуур

징
гуулин хэнгэрэг

악기 [ХӨГЖМИЙН ЗЭМСЭГ]

월 일

■ 다음을 쓰는 순서에 맞게 따라 쓰세요.
(Дараах үгийг дарааллын дагуу дуурайж бичнэ үү.)

피 아 노

피아노
төгөлдөр хуур

탬 버 린

탬버린 шагшуур

나 팔

나팔 бүрээ

장 구

장구 жангү

소 고

소고 мини бөмбөр

악기 [ХӨГЖМИЙН ЗЭМСЭГ]

■ 다음을 쓰는 순서에 맞게 따라 쓰세요.
(Дараах үгийг дараалын дагуу дуурайж бичнэ үү.)

피	리						
실	로	폰					
바	이	올	린				
꽹	과	리					
가	야	금					

피리 лимбэ

실로폰 царгил хөгжим

바이올린 хийл

꽹과리 гуулин ца
нт хэнгэрэг

가야금 ятга

옷 [ХУВЦАС]

월 일

■ 다음을 쓰는 순서에 맞게 따라 쓰세요.
(Дараах үгийг дарааллын дагуу дуурайж бичнэ үү.)

티셔츠 подволк	티	셔	츠					
바지 өмд	바	지						
점퍼 куртик	점	퍼						
정장 костюм	정	장						
와이셔츠 срочикон цамц	와	이	셔	츠				

월 일

■ 다음을 쓰는 순서에 맞게 따라 쓰세요.
(Дараах үгийг дарааллын дагуу дуурайж бичнэ үү.)

반바지 богино өмд	반	바	지					
코트 пальто	코	트						
교복 дүрэмт хувцас	교	복						
블라우스 цамц	블	라	우	스				
청바지 жинсэн өмд	청	바	지					

옷 [ХУВЦАС]

월 일

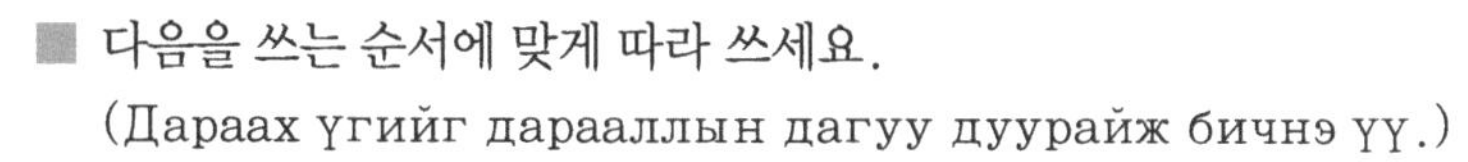

■ 다음을 쓰는 순서에 맞게 따라 쓰세요.
(Дараах үгийг дараалын дагуу дуурайж бичнэ үү.)

양복 эрэгтэй хослол (костюм)	양	복						
작업복 ажлын хувцас	작	업	복					
스웨터 ноосон цамц	스	웨	터					
치마 банзал	치	마						
한복 ханбуг	한	복						

색깔 [өнгө]

■ 다음을 쓰는 순서에 맞게 따라 쓰세요.
(Дараах үгийг дараалллын дагуу дуурайж бичнэ үү.)

빨간색 улаан	빨	간	색					
주황색 улбар шар	주	황	색					
초록색 ногоон	초	록	색					
노란색 шар	노	란	색					
파란색 хөх	파	란	색					

색깔 [өнгө]

월 일

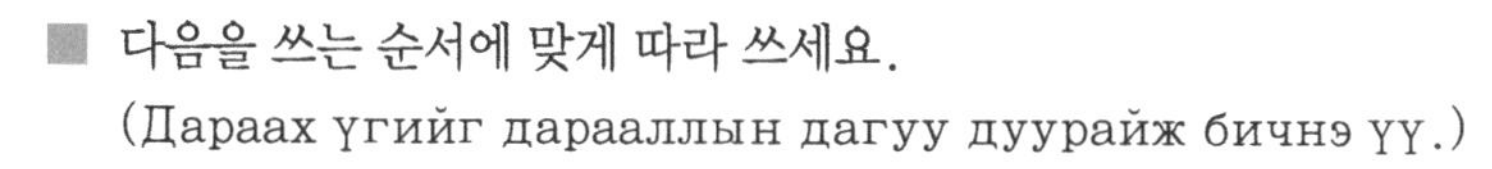

■ 다음을 쓰는 순서에 맞게 따라 쓰세요.
(Дараах үгийг дарааллын дагуу дуурайж бичнэ үү.)

보라색 чернилэн ягаан	보	라	색					
분홍색 цайвар ягаан	분	홍	색					
하늘색 цэнхэр	하	늘	색					
갈색 бор	갈	색						
검은색 хар	검	은	색					

취미 [СОНИРХОЛ]

월 일

■ 다음을 쓰는 순서에 맞게 따라 쓰세요.
(Дараах үгийг дарааллын дагуу дуурайж бичнэ үү.)

요리 хоол хийх	요	리						
노래 дуулах	노	래						
등산 ууланд авирах	등	산						
영화감상 кино үзэх	영	화	감	상				
낚시 загасчлах	낚	시						

18 취미 [СОНИРХОЛ]

월 일

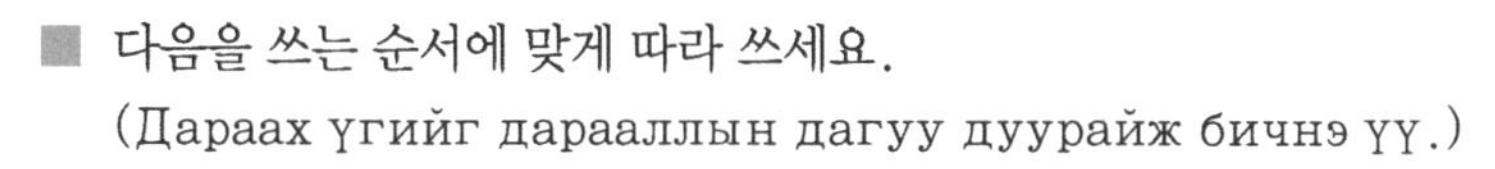

■ 다음을 쓰는 순서에 맞게 따라 쓰세요.
(Дараах үгийг дарааллын дагуу дуурайж бичнэ үү.)

음악감상 хөгжим сонсох	음	악	감	상				
게임 тоглоом	게	임						
드라이브 машин унах	드	라	이	브				
여행 аялах	여	행						
독서 ном унших	독	서						

취미 [СОНИРХОЛ]

월 일

■ 다음을 쓰는 순서에 맞게 따라 쓰세요.
(Дараах үгийг дарааллын дагуу дуурайж бичнэ үү.)

쇼핑 дэлгүүр хэсэх	쇼	핑						
운동 спортоор хичээллэх	운	동						
수영 усанд сэлэх	수	영						
사진촬영 гэрэл зураг авах	사	진	촬	영				
악기연주 хөгжим тоглох	악	기	연	주				

운동 [СПОРТ]

월 일

■ 다음을 쓰는 순서에 맞게 따라 쓰세요.
(Дараах үгийг дарааллын дагуу дуурайж бичнэ үү.)

야구 бейсбол	야	구						
배구 гар бөмбөг	배	구						
축구 хөл бөмбөг	축	구						
탁구 ширээний теннис	탁	구						
농구 сагсан бөмбөг	농	구						

19 운동 [СПОРТ]

월 일

■ 다음을 쓰는 순서에 맞게 따라 쓰세요.
(Дараах үгийг дарааллын дагуу дуурайж бичнэ үү.)

골프 гольф	골	프						
스키 цанаар гулгах	스	키						
수영 усанд сэлэх	수	영						
권투 бокс	권	투						
씨름 бөх	씨	름						

운동 [СПОРТ]

월 일

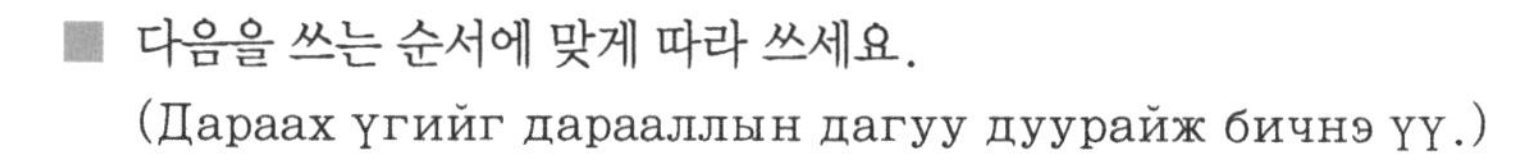

■ 다음을 쓰는 순서에 맞게 따라 쓰세요.
(Дараах үгийг дарааллын дагуу дуурайж бичнэ үү.)

테니스 газрын теннис	테	니	스					
레슬링 чөлөөт бөх	레	슬	링					
태권도 теквондо	태	권	도					
배드민턴 агаарын теннис	배	드	민	턴				
스케이트 тэшүүр	스	케	이	트				

움직임 말(1)

[ҮЙЛ ХӨДЛӨЛ ЗААСАН ҮГ (1)]

■ 다음을 쓰는 순서에 맞게 따라 쓰세요.
(Дараах үгийг дарааллын дагуу дуурайж бичнэ үү.)

가다 явах	가	다						
오다 ирэх	오	다						
먹다 идэх	먹	다						
사다 худалдаж авах	사	다						
읽다 унших	읽	다						

움직임 말(1)

[ҮЙЛ ХӨДЛӨЛ ЗААСАН ҮГ (1)]

월 일

■ 다음을 쓰는 순서에 맞게 따라 쓰세요.
(Дараах үгийг дарааллын дагуу дуурайж бичнэ үү.)

씻다 угаах	씻	다						
자다 унтах	자	다						
보다 харах	보	다						
일하다 ажиллах	일	하	다					
만나다 уулзах	만	나	다					

20 움직임 말(1)

[ҮЙЛ ХӨДЛӨЛ ЗААСАН ҮГ (1)]

월 일

■ 다음을 쓰는 순서에 맞게 따라 쓰세요.
(Дараах үгийг дарааллын дагуу дуурайж бичнэ үү.)

마시다 уух	마	시	다					
빨래하다 угаах	빨	래	하	다				
청소하다 цэвэрлэх	청	소	하	다				
요리하다 хоол хийх	요	리	하	다				
공부하다 хичээл хийх	공	부	하	다				

움직임 말(2)

[ҮЙЛ ХӨДЛӨЛ ЗААСАН ҮГ (2)]

■ 다음을 쓰는 순서에 맞게 따라 쓰세요.
(Дараах үгийг дарааллын дагуу дуурайж бичнэ үү.)

공을 차다 бөмбөг цохих	공	을		차	다			
이를 닦다 шүд угаах	이	를		닦	다			
목욕을 하다 усанд орох	목	욕	을		하	다		
세수를 하다 нүүр угаах	세	수	를		하	다		
등산을 하다 ууланд авирах	등	산	을		하	다		

움직임 말(2)

[ҮЙЛ ХӨДЛӨЛ ЗААСАН ҮГ (2)]

월 일

■ 다음을 쓰는 순서에 맞게 따라 쓰세요.
(Дараах үгийг дарааллын дагуу дуурайж бичнэ үү.)

머리를 감다 толгой угаах	머	리	를		감	다		
영화를 보다 кино үзэх	영	화	를		보	다		
공원에 가다 цэцэрлэгт хүрээлэн явах	공	원	에		가	다		
여행을 하다 аялах	여	행	을		하	다		
산책을 하다 салхинд гарах	산	책	을		하	다		

움직임 말(2)

[ҮЙЛ ХӨДЛӨЛ ЗААСАН ҮГ (2)]

월 일

■ 다음을 쓰는 순서에 맞게 따라 쓰세요.
(Дараах үгийг дарааллын дагуу дуурайж бичнэ үү.)

수영을 하다 сэлэх	수	영	을		하	다		
쇼핑을 하다 дэлгүүр хэсэх	쇼	핑	을		하	다		
사진을 찍다 зураг авах	사	진	을		찍	다		
샤워를 하다 шүршүүрт орох	샤	워	를		하	다		
이야기를 하다 ярилцах	이	야	기	를		하	다	

움직임 말(3)

[ҮЙЛ ХӨДЛӨЛ ЗААСАН ҮГ (3)]

■ 다음을 쓰는 순서에 맞게 따라 쓰세요.
(Дараах үгийг дарааллын дагуу дууурайж бичнэ үү.)

놀다 торлох	놀	다						
자다 унтах	자	다						
쉬다 амрах	쉬	다						
쓰다 бичих	쓰	다						
듣다 сонсох	듣	다						

움직임 말(3)

[ҮЙЛ ХӨДЛӨЛ ЗААСАН ҮГ (3)]

월 일

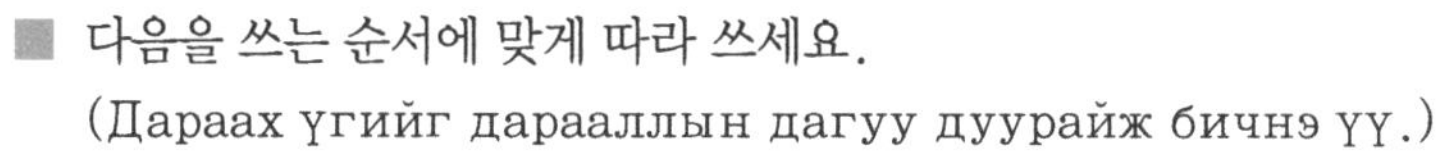

■ 다음을 쓰는 순서에 맞게 따라 쓰세요.
(Дараах үгийг дарааллын дагуу дуурайж бичнэ үү.)

닫다 xaax	닫	다						
켜다 асаах	켜	다						
서다 зогсох	서	다						
앉다 суух	앉	다						
끄다 унтраах	끄	다						

움직임 말(3)

[ҮЙЛ ХӨДЛӨЛ ЗААСАН ҮГ (3)]

■ 다음을 쓰는 순서에 맞게 따라 쓰세요.
(Дараах үгийг дараалын дагуу дуурайж бичнэ үү.)

열다 онгойлгох	열	다						
나오다 гарч ирэх	나	오	다					
배우다 сурах	배	우	다					
들어가다 орох	들	어	가	다				
가르치다 заах	가	르	치	다				

22 움직임 말(3)

[ҮЙЛ ХӨДЛӨЛ ЗААСАН ҮГ (3)]

■ 다음을 쓰는 순서에 맞게 따라 쓰세요.
(Дараах үгийг дарааллын дагуу дуурайж бичнэ үү.)

부르다 дуудах

달리다 гүйх

기다 мөлхөх

날다 нисэх

긁다 маажих

부	르	다					
달	리	다					
기	다						
날	다						
긁	다						

22

움직임 말(3)

[ҮЙЛ ХӨДЛӨЛ ЗААСАН ҮГ (3)]

월 일

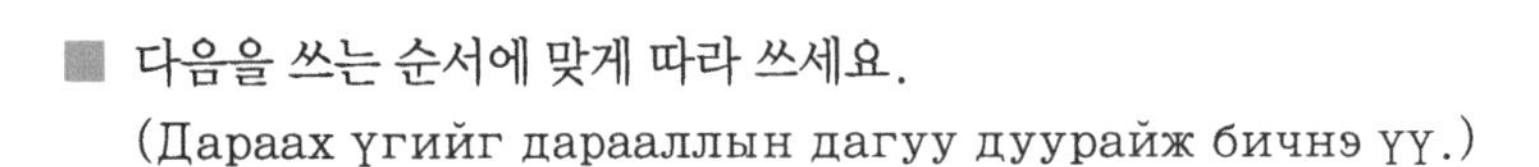

■ 다음을 쓰는 순서에 맞게 따라 쓰세요.
(Дараах үгийг дарааллын дагуу дуурайж бичнэ үү.)

찍다 дарах	찍	다						
벌리다 холдуулах	벌	리	다					
키우다 өсгөх	키	우	다					
갈다 солих	갈	다						
닦다 арчих	닦	다						

23 세는 말(단위)

[ТООЛОХ НЭГЖ]

월 일

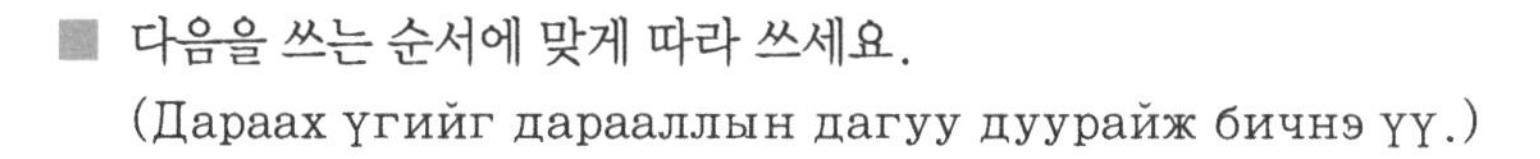

■ 다음을 쓰는 순서에 맞게 따라 쓰세요.
(Дараах үгийг дарааллын дагуу дуурайж бичнэ үү.)

개 ширхэг

개							

대 ширхэг(машин тоолох нэгж)

대							

척 ширхэг(усан онгоц тоолох нэгж)

척							

송이 багц

송	이						

그루 ширхэг(мод тоолох нэгж)

그	루						

23 세는 말(단위)

[ТООЛОХ НЭГЖ]

■ 다음을 쓰는 순서에 맞게 따라 쓰세요.
(Дараах үгийг дарааллын дагуу дуурайж бичнэ үү.)

상자 хайрцаг	상	자						
봉지 уут	봉	지						
장 хуудас	장							
병 шил	병							
자루 ширхэг	자	루						

23 세는 말(단위)

[ТООЛОХ НЭГЖ]

월 일

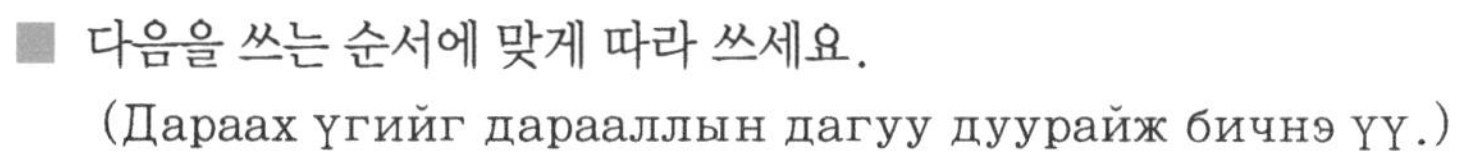

■ 다음을 쓰는 순서에 맞게 따라 쓰세요.
(Дараах үгийг дарааллын дагуу дуурайж бичнэ үү.)

벌 ширхэг (хувцас тоолох нэгж)	벌							
켤레 хос (гутал то олох нэгж)	켤	레						
권 ширхэг (ном то олох нэгж)	권							
마리 ширхэг (амь тан тоолох нэгж)	마	리						
잔 аяга (аяга тоол ох нэгж)	잔							

23 세는 말(단위)

[ТООЛОХ НЭГЖ]

월 일

■ 다음을 쓰는 순서에 맞게 따라 쓰세요.
(Дараах үгийг дарааллын дагуу дуурайж бичнэ үү.)

채 ширхэг(байшин тоолох нэгж)	채							
명 хүн	명							
통 лааз	통							
가마 шуудай	가	마						
첩 боодол	첩							

꾸미는 말(1)

[ТОДОТГОЛ ҮГ (1)]

■ 다음을 쓰는 순서에 맞게 따라 쓰세요.
(Дараах үгийг дарааллын дагуу дуурайж бичнэ үү.)

많다 их	많	다						
적다 бага	적	다						
크다 том	크	다						
작다 жижиг	작	다						
비싸다 үнэтэй	비	싸	다					

24 꾸미는 말(1)

[ТОДОТГОЛ ҮГ (1)]

월 일

■ 다음을 쓰는 순서에 맞게 따라 쓰세요.
(Дараах үгийг дарааллын дагуу дуурайж бичнэ үү.)

싸다 хямд	싸	다						
길다 урт	길	다						
짧다 богино	짧	다						
빠르다 хурдан	빠	르	다					
느리다 удаан	느	리	다					

24 꾸미는 말(1)

[ТОДОТГОЛ ҮГ (1)]

월 일

■ 다음을 쓰는 순서에 맞게 따라 쓰세요.
(Дараах үгийг дарааллын дагуу дууражж бичнэ үү.)

굵다 зузаан	굵	다						
가늘다 нимгэн	가	늘	다					
밝다 гэрэлтэй	밝	다						
어둡다 харанхуй	어	둡	다					
좋다 сайн	좋	다						

25 꾸미는 말(2)

[ТОДОТГОЛ ҮГ (2)]

월 일

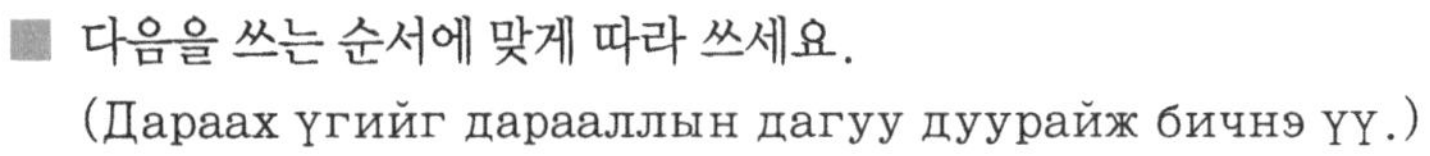

■ 다음을 쓰는 순서에 맞게 따라 쓰세요.
(Дараах үгийг дарааллын дагуу дуурайж бичнэ үү.)

맵다 халуун ногоотой	맵	다						
시다 исгэлэн	시	다						
가볍다 хөнгөн	가	볍	다					
좁다 нарийн	좁	다						
따뜻하다 дулаан	따	뜻	하	다				

25 꾸미는 말(2)

[ТОДОТГОЛ ҮГ (2)]

■ 다음을 쓰는 순서에 맞게 따라 쓰세요.
(Дараах үгийг дараалллын дагуу дуурайж бичнэ үү.)

짜다 шорвог	짜	다						
쓰다 гашуун	쓰	다						
무겁다 хүнд	무	겁	다					
깊다 гүн	깊	다						
차갑다 хүйтэн	차	갑	다					

25 꾸미는 말(2)

[ТОДОТГОЛ ҮГ (2)]

월 일

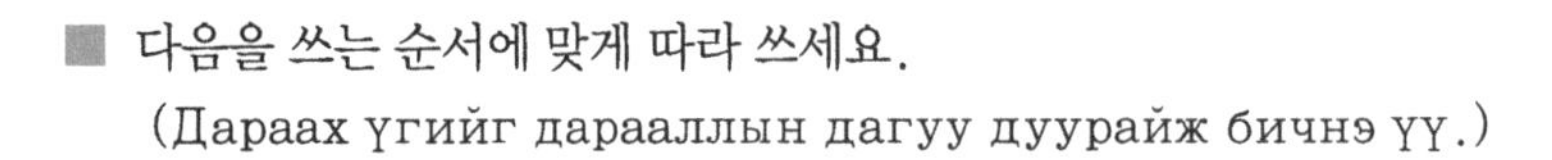

■ 다음을 쓰는 순서에 맞게 따라 쓰세요.
(Дараах үгийг дарааллын дагуу дууриайж бичнэ үү.)

달다 чихэрлэг	달	다						
싱겁다 давс сул	싱	겁	다					
넓다 өргөн	넓	다						
얕다 гүехэн	얕	다						
귀엽다 өхөөрдөм	귀	엽	다					

26 기분을 나타내는 말

[СЭТГЭЛИЙН ХӨДӨЛГӨӨН ИЛЭРХИЙЛЭХ ҮГ]

■ 다음을 쓰는 순서에 맞게 따라 쓰세요.
(Дараах үгийг дараалын дагуу дуурайж бичнэ үү.)

기쁘다 баярлах	기	쁘	다				
슬프다 уйтгарлах	슬	프	다				
화나다 уурлах	화	나	다				
놀라다 цочих	놀	라	다				
곤란하다 хэцүү байх	곤	란	하	다			

기분을 나타내는 말

[СЭТГЭЛИЙН ХӨДӨЛГӨӨН ИЛЭРХИЙЛЭХ ҮГ]

■ 다음을 쓰는 순서에 맞게 따라 쓰세요.
(Дараах үгийг дарааллын дагуу дуурайж бичнэ үү.)

궁금하다 сонирхох	궁	금	하	다				
지루하다 залхах	지	루	하	다				
부끄럽다 ичих	부	끄	럽	다				
피곤하다 ядрах	피	곤	하	다				
신나다 хөөрөх	신	나	다					

높임말 [ХҮНДЭТГЭЛИЙН ҮГ]

월 일

■ 다음을 쓰는 순서에 맞게 따라 쓰세요.
(Дараах үгийг дарааллын дагуу дуурайж бичнэ үү.)

집 гэр → 댁 өргөө	집							
	댁							
밥 хоол → 진지 зоог	밥							
	진	지						
병 өвчин→ 병환 өвчин	병							
	병	환						
말 үг → 말씀 айлтгал	말							
	말	씀						
나이 нас → 연세 нас сүүдэр	나	이						
	연	세						

높임말 [ХҮНДЭТГЭЛИЙН ҮГ]

월 일

■ 다음을 쓰는 순서에 맞게 따라 쓰세요.
(Дараах үгийг дарааллын дагуу дуурайж бичнэ үү.)

생일 төрсөн өдөр →
생신 мэндэлсэн өдөр

있다 байх →
계시다 байх

먹다 идэх →
드시다 зооглох

자다 унтах →
주무시다 нойрсох

주다 өгөх →
드리다 өгөх

생	일						
생	신						
있	다						
계	시	다					
먹	다						
드	시	다					
자	다						
주	무	시	다				
주	다						
드	리	다					

28 소리가 같은 말(1)

[ИЖИЛ ДУУДЛАГАТАЙ ҮГ (1)]

■ 다음을 쓰는 순서에 맞게 따라 쓰세요.
(Дараах үгийг дарааллын дагуу дуурайж бичнэ үү.)

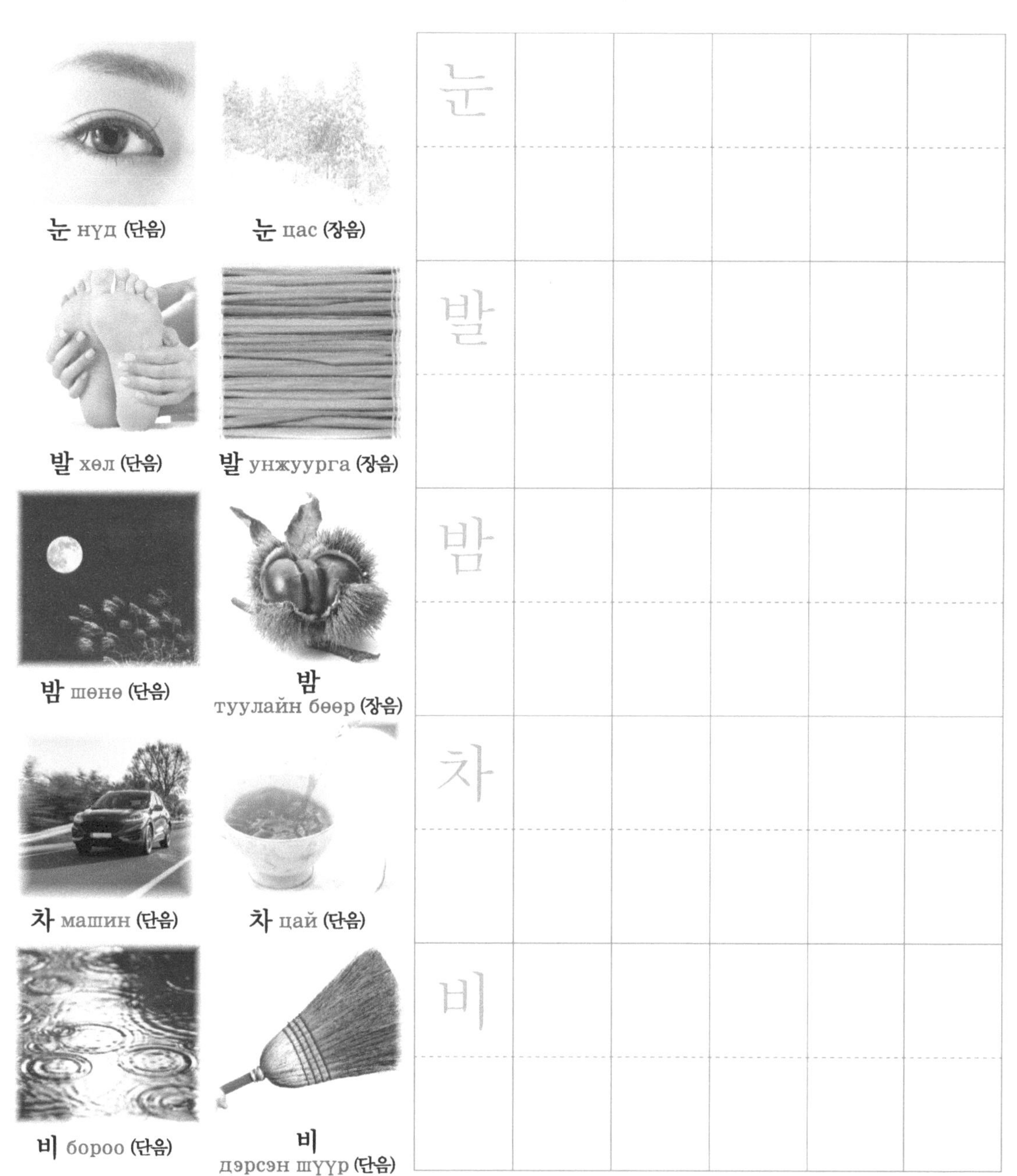

28 소리가 같은 말(1)

[ИЖИЛ ДУУДЛАГАТАЙ ҮГ (1)]

월 일

■ 다음을 쓰는 순서에 맞게 따라 쓰세요.
(Дараах үгийг дарааллын дагуу дуурайж бичнэ үү.)

말 морь (단음) | 말 үг (장음)

벌 шийтгэл (단음) | 벌 зөгий (장음)

상 ширээ (단음) | 상 шагнал (단음)

굴 хясаа (단음) | 굴 агуй (장음)

배 усан онгоц (단음) | 배 гэдэс (단음)

말					
벌					
상					
굴					
배					

28 소리가 같은 말(1)

[ИЖИЛ ДУУДЛАГАТАЙ ҮГ (1)]

월 일

■ 다음을 쓰는 순서에 맞게 따라 쓰세요.
(Дараах үгийг дарааллын дагуу дуурайж бичнэ үү.)

다리 гүүр (단음) 다리 хөл (단음)

새끼 зулзага (단음) 새끼 олсон утас (단음)

돌 чулуу (장음) 돌 нэгнастай хүүхдийн төрсөн өдөр (단음)

병 өвчин (장음) 병 сав (단음)

바람 салхи (단음) 바람 хүсэл (단음)

다	리				
새	끼				
돌					
병					
바	람				

29 소리가 같은 말(2)

[ИЖИЛ ДУУДЛАГАТАЙ ҮГ (2)]

■ 다음을 쓰는 순서에 맞게 따라 쓰세요.
(Дараах үгийг дарааллын дагуу дуурайж бичнэ үү.)

깨다 сэрэх (장음) **깨다** хагалах (단음)

묻다 булах (단음)  **묻다** асуух (장음)

싸다 хямд (단음)  **싸다** шээх (단음)

세다 тоолох (장음)  **세다** хүчтэй (장음)

차다 хүйтэн (단음)  **차다** дүүрэх (단음)

깨	다				
묻	다				
싸	다				
세	다				
차	다				

29 소리가 같은 말(2)

[ИЖИЛ ДУУДЛАГАТАЙ ҮГ (2)]

■ 다음을 쓰는 순서에 맞게 따라 쓰세요.
(Дараах үгийг дарааллын дагуу дуурайж бичнэ үү.)

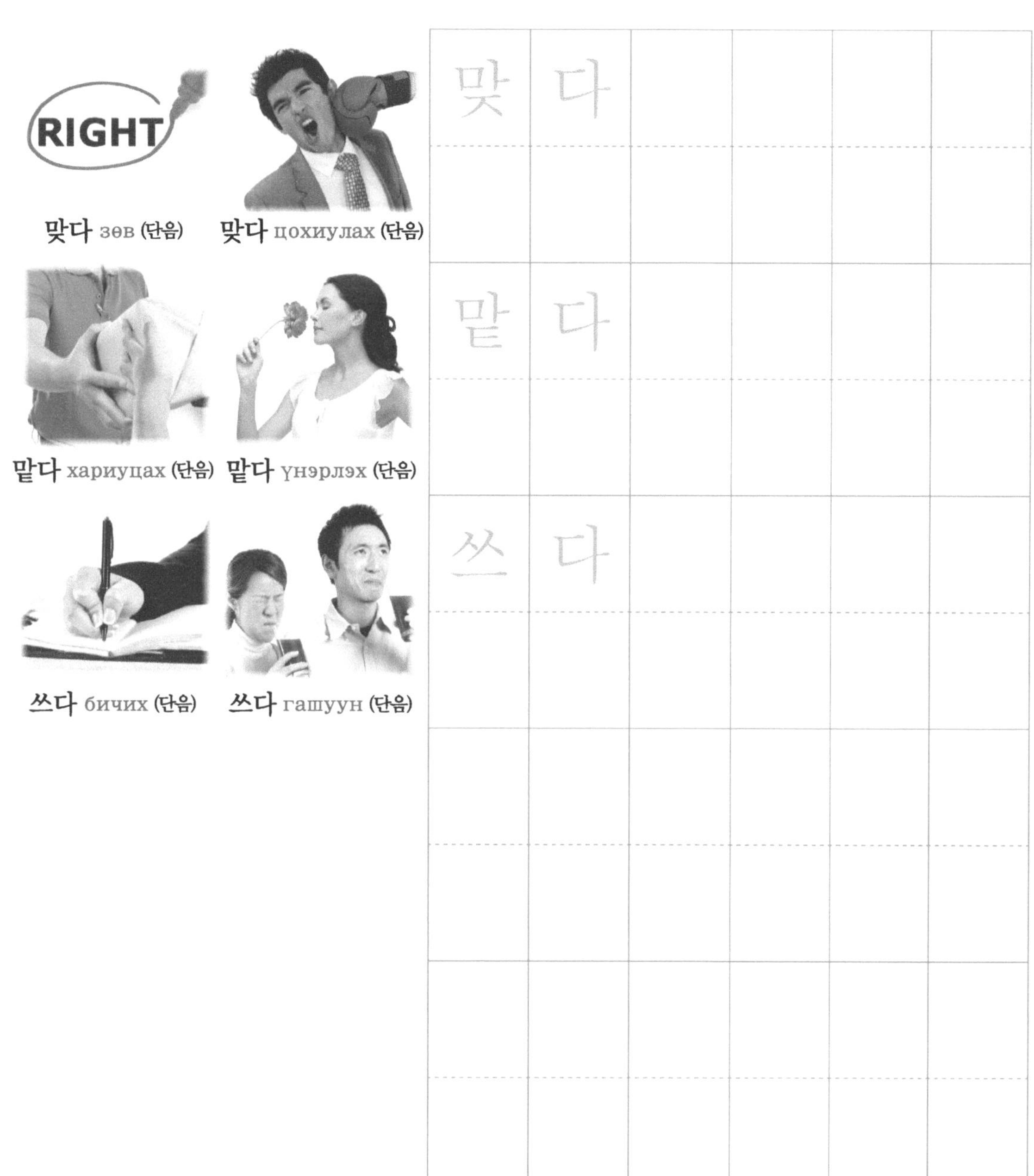

소리를 흉내 내는 말

[ДУУ АВИА ИЛЭРХИЙЛЭХ ҮГ]

■ 다음을 쓰는 순서에 맞게 따라 쓰세요.
(Дараах үгийг дараалын дагуу дууриайж бичнэ үү.)

어흥	어	흥						
꿀꿀	꿀	꿀						
야옹	야	옹						
꼬꼬댁	꼬	꼬	댁					
꽥꽥	꽥	꽥						

30 소리를 흉내 내는 말

[ДУУ АВИА ИЛЭРХИЙЛЭХ ҮГ]

■ 다음을 쓰는 순서에 맞게 따라 쓰세요.
(Дараах үгийг дарааллын дагуу дуурайж бичнэ үү.)

붕	붕							
매앰	매	앰						
부르릉	부	르	릉					
딩동	딩	동						
빠빠	빠	빠						

부록 Appendix

안녕하세요! K-한글(www.k-hangul.kr)입니다.
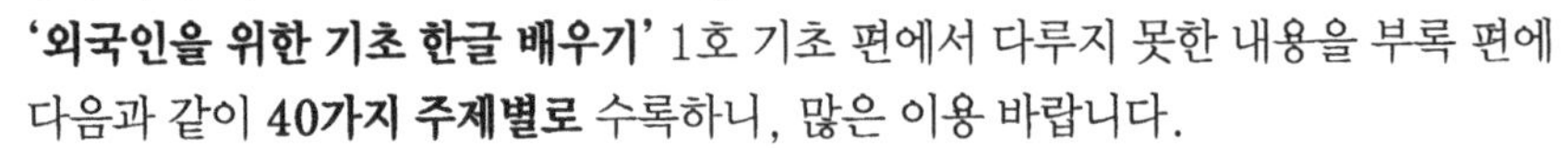
'외국인을 위한 기초 한글 배우기' 1호 기초 편에서 다루지 못한 내용을 부록 편에 다음과 같이 **40가지 주제별로** 수록하니, 많은 이용 바랍니다.

번호	주제	번호	주제	번호	주제
1	**숫자**(50개) Number(s)	16	**인칭 대명사**(14개) Personal pronouns	31	**물건 사기**(30개) Buying Goods
2	**연도**(15개) Year(s)	17	**지시 대명사**(10개) Demonstrative pronouns	32	**전화하기**(21개) Making a phone call
3	**월**(12개) Month(s)	18	**의문 대명사**(10개) Interrogative pronouns	33	**인터넷**(20개) Words related to the Internet
4	**일**(31개) Day(s)	19	**가족**(24개) Words related to Family	34	**건강**(35개) Words related to health
5	**요일**(10개) Day of a week	20	**국적**(20개) Countries	35	**학교**(51개) Words related to school
6	**년**(20개) Year(s)	21	**인사**(5개) Phrases related to greetings	36	**취미**(28개) Words related to hobby
7	**개월**(12개) Month(s)	22	**작별**(5개) Phrases related to bidding farewell	37	**여행**(35개) Travel
8	**일(간), 주일(간)**(16개) Counting Days	23	**감사**(3개) Phrases related to expressing gratitude	38	**날씨**(27개) Weather
9	**시**(20개) Units of Time(hours)	24	**사과**(7개) Phrases related to making an apology	39	**은행**(25개) Words related to bank
10	**분**(16개) Units of Time(minutes)	25	**요구, 부탁**(5개) Phrases related to asking a favor	40	**우체국**(14개) Words related to post office
11	**시간**(10개) Hour(s)	26	**명령, 지시**(5개) Phrases related to giving instructions		
12	**시간사**(25개) Words related to Time	27	**칭찬, 감탄**(7개) Phrases related to compliment and admiration		
13	**계절**(4개) seasons	28	**환영, 축하, 기원**(10개) Phrases related to welcoming, congratulating and blessing		
14	**방위사**(14개) Words related to directions	29	**식당**(30개) Words related to Restaurant		
15	**양사**(25개) quantifier	30	**교통**(42개) Words related to transportation		

MP3	주제	단어
	1. 숫자	1, 2, 3, 4, 5, / 6, 7, 8, 9, 10, / 11, 12, 13, 14, 15, / 16, 17, 18, 19, 20, / 21, 22, 23, 24, 25, / 26, 27, 28, 29, 30, / 31, 40, 50, 60, 70, / 80, 90, 100, 101, 102, / 110, 120, 130, 150, 천, / 만, 십만, 백만, 천만, 억
	2. 연도	1999년, 2000년, 2005년, 2010년, 2015년, / 2020년, 2023년, 2024년, 2025년, 2026년, / 2030년, 2035년, 2040년, 2045년, 2050년
	3. 월	1월, 2월, 3월, 4월, 5월, / 6월, 7월, 8월, 9월, 10월, / 11월, 12월
	4. 일	1일, 2일, 3일, 4일, 5일, / 6일, 7일, 8일, 9일, 10일, / 11일, 12일, 13일, 14일, 15일, / 16일, 17일, 18일, 19일, 20일, / 21일, 22일, 23일, 24일, 25일, / 26일, 27일, 28일, 29일, 30일, / 31일
	5. 요일	월요일, 화요일, 수요일, 목요일, 금요일, / 토요일, 일요일, 공휴일, 식목일, 현충일
	6. 년	1년, 2년, 3년, 4년, 5년, / 6년, 7년, 8년, 9년, 10년, / 15년, 20년, 30년, 40년, 50년, / 100년, 200년, 500년, 1000년, 2000년
	7. 개월	1개월(한 달), 2개월(두 달), 3개월(석 달), 4개월(네 달), 5개월(다섯 달), / 6개월(여섯 달), 7개월(일곱 달), 8개월(여덟 달), 9개월(아홉 달), 10개월(열 달), / 11개월(열한 달), 12개월(열두 달)
	8. 일(간), 주일(간)	하루(1일), 이틀(2일), 사흘(3일), 나흘(4일), 닷새(5일), / 엿새(6일), 이레(7일), 여드레(8일), 아흐레(9일), 열흘(10일), / 10일(간), 20일(간), 30일(간), 100일(간), 일주일(간), / 이 주일(간)
	9. 시	1시, 2시, 3시, 4시, 5시, / 6시, 7시, 8시, 9시, 10시, / 11시, 12시, 13시(오후 1시), 14시(오후 2시), 15시(오후 3시), / 18시(오후 6시), 20시(오후 8시), 22시(오후 10시), 24시(오후 12시)
	10. 분	1분, 2분, 3분, 4분, 5분, / 10분, 15분, 20분, 25분, 30분(반 시간), / 35분, 40분, 45분, 50분, 55분, / 60분(1시간)

MP3	주제	단어
	11. 시간	반 시간(30분), 1시간, 1시간 반(1시간 30분), 2시간, 3시간, / 4시간, 5시간, 10시간, 12시간, 24시간
	12.시간사	오전, 정오, 오후, 아침, 점심, / 저녁, 지난주, 이번 주, 다음 주, 지난달, / 이번 달, 다음날, 재작년, 작년, 올해, / 내년, 내후년, 그저께(이틀 전날), 엊그제(바로 며칠 전), 어제(오늘의 하루 전날), / 오늘, 내일(1일 후), 모레(2일 후), 글피(3일 후), 그글피(4일 후)
	13. 계절	봄(春), 여름(夏), 가을(秋), 겨울(冬)
	14.방위사	동쪽, 서쪽, 남쪽, 북쪽, 앞쪽, / 뒤쪽, 위쪽, 아래쪽, 안쪽, 바깥쪽, / 오른쪽, 왼쪽, 옆, 중간
	15. 양사	개(사용 범위가 가장 넓은 개체 양사), 장(평면이 있는 사물), 척(배를 세는 단위), 마리(날짐승이나 길짐승), 자루, / 다발(손에 쥘 수 있는 물건), 권(서적 류), 개(물건을 세는 단위), 갈래, 줄기(가늘고 긴 모양의 사물이나 굵은 사물), / 건(사건), 벌(의복), 쌍, 짝, 켤레, / 병, 조각(덩어리, 모양의 물건), 원(화폐), 대(각종 차량), 대(기계, 설비 등), / 근(무게의 단위), 킬로그램(힘의 크기, 무게를 나타내는 단위), 번(일의 차례나 일의 횟수를 세는 단위), 차례(단순히 반복적으로 발생하는 동작), 식사(끼)
	16. 인칭 대명사	인칭 대명사 : 사람의 이름을 대신하여 나타내는 대명사. 나, 너, 저, 당신, 우리, / 저희, 여러분, 너희, 그, 그이, / 저분, 이분, 그녀, 그들
	17. 지시 대명사	지시 대명사 : 사물이나 장소의 이름을 대신하여 나타내는 대명사. 이것, 이곳, 저것, 저곳, 저기, / 그것(사물이나 대상을 가리킴), 여기, 무엇(사물의 이름), 거기(가까운 곳, 이미 이야기한 곳), 어디(장소의 이름)
	18. 의문 대명사	의문 대명사 : 물음의 대상을 나타내는 대명사. 누구(사람의 정체), 몇(수효), 어느(둘 이상의 것 가운데 대상이 되는 것), 어디(처소나 방향), 무엇(사물의 정체), / 언제, 얼마, 어떻게(어떤 방법, 방식, 모양, 형편, 이유), 어떤가?, 왜(무슨 까닭으로, 어떤 사실에 대하여 확인을 요구할 때)
	19. 가족	할아버지, 할머니, 아버지, 어머니, 남편, / 아내, 딸, 아들, 손녀, 손자, / 형제자매, 형, 오빠, 언니, 누나, / 여동생, 남동생, 이모, 이모부, 고모, / 고모부, 사촌, 삼촌, 숙모
	20. 국적	국가, 나라, 한국, 중국, 대만, / 일본, 미국, 영국, 캐나다, 인도네시아, / 독일, 러시아, 이탈리아, 프랑스, 인도, / 태국, 베트남, 캄보디아, 몽골, 라오스

MP3	주제	단어
	21. 인사	안녕하세요!, 안녕하셨어요?, 건강은 어떠세요?, 그에게 안부 전해주세요, 굿모닝!
	22. 작별	건강하세요, 행복하세요, 안녕(서로 만나거나 헤어질 때), 내일 보자, 다음에 보자.
	23. 감사	고마워, 감사합니다, 도와주셔서 감사드립니다.
	24. 사과	미안합니다, 괜찮아요!, 죄송합니다, 정말 죄송합니다, 모두 다 제 잘못입니다, / 오래 기다리셨습니다, 유감이네요.
	25. 요구, 부탁	잠시 기다리세요, 저 좀 도와주세요, 좀 빨리해 주세요, 문 좀 닫아주세요, 술 좀 적게 드세요.
	26. 명령, 지시	일어서라!, 들어오시게, 늦지 말아라, 수업 시간에는 말하지 마라, 금연입니다.
	27. 칭찬, 감탄	정말 잘됐다!, 정말 좋다, 정말 대단하다, 진짜 잘한다!, 정말 멋져!, / 솜씨가 보통이 아니네!, 영어를 잘하는군요. ※감탄사의 종류(감정이나 태도를 나타내는 단어) : 아하, 헉, 우와, 아이고, 아차, 앗, 어머, 저런, 여보, 야, 아니요, 네, 예, 그래, 얘 등
	28. 환영,축하, 기원	환영합니다!, 또 오세요, 생일 축하해!, 대입 합격 축하해!, 축하드려요, / 부자 되세요, 행운이 깃드시길 바랍니다, 만사형통하시길 바랍니다, 건강하세요, 새해 복 많이 받으세요!
	29. 식당	음식, 야채, 먹다, 식사 도구, 메뉴판, / 세트 요리, 종업원, 주문하다, 요리를 내오다, 중국요리, / 맛, 달다, 담백하다, 맵다, 새콤달콤하다, / 신선하다, 국, 탕, 냅킨, 컵, / 제일 잘하는 요리, 계산, 잔돈, 포장하다, 치우다, / 건배, 맥주, 술집, 와인, 술에 취하다.
	30. 교통	말씀 좀 묻겠습니다, 길을 묻다, 길을 잃다, 길을 건너가다, 지도, / 부근, 사거리, 갈아타다, 노선, 버스, / 몇 번 버스, 정거장, 줄을 서다, 승차하다, 승객, / 차비, 지하철, 환승하다, 1호선, 좌석, / 출구, 택시, 택시를 타다, 차가 막히다, 차를 세우다, / 우회전, 좌회전, 유턴하다, 기차, 기차표, / 일반 침대석, 일등 침대석, 비행기, 공항, 여권, / 주민등록증, 연착하다, 이륙, 비자, 항공사, / 안전벨트, 현지시간

MP3	주제	단어
	31. 물건 사기	손님, 서비스, 가격, 가격 흥정, 노점, / 돈을 내다, 물건, 바겐세일, 싸다, 비싸다, / 사이즈, 슈퍼마켓, 얼마예요?, 주세요, 적당하다, / 점원, 품질, 백화점, 상표, 유명 브랜드, / 선물, 영수증, 할인, 반품하다, 구매, / 사은품, 카드 결제하다, 유행, 탈의실, 계산대
	32. 전화하기	여보세요, 걸다, (다이얼을)누르다, OO 있나요?, 잘못 걸다, / 공중전화, 휴대전화 번호, 무료 전화, 국제전화, 국가번호, / 지역번호, 보내다, 문자 메시지, 시외전화, 전화받다, / 전화번호, 전화카드, 통화 중, 통화 요금, 휴대전화, / 스마트폰
	33. 인터넷	인터넷, 인터넷에 접속하다, 온라인게임, 와이파이, 전송하다, / 데이터, 동영상, 아이디, 비밀번호, 이메일, / 노트북, 검색하다, 웹사이트, 홈페이지 주소, 인터넷 쇼핑, / 업로드, 다운로드, pc방, 바이러스, 블로그
	34. 건강	병원, 의사, 간호사, 진찰하다, 수술, / 아프다, 환자, 입원, 퇴원, 기침하다, / 열나다, 체온, 설사가 나다, 콧물이 나다, 목이 아프다, / 염증을 일으키다, 건강, 금연하다, 약국, 처방전, / 비타민, 복용하다, 감기, 감기약, 마스크, / 비염, 고혈압, 골절, 두통, 알레르기, / 암, 전염병, 정신병, 혈액형, 주사 놓다
	35. 학교	초등학교, 중학교, 고등학교, 중·고등학교, 대학교, / 교실, 식당, 운동장, 기숙사, 도서관, / 교무실, 학생, 초등학생, 중학생, 고등학생, / 대학생, 유학생, 졸업생, 선생님, 교사, / 교장, 교수, 국어, 수학, 영어, / 과학, 음악, 미술, 체육, 입학하다, / 졸업하다, 학년, 전공, 공부하다, 수업을 시작하다, / 수업을 마치다, 출석을 부르다, 지각하다, 예습하다, 복습하다, / 숙제를 하다, 시험을 치다, 합격하다, 중간고사, 기말고사, / 여름방학, 겨울방학, 성적, 교과서, 칠판, / 분필
	36. 취미	축구 마니아, ㅇㅇ마니아, 여가 시간, 좋아하다, 독서, / 음악 감상, 영화 감상, 텔레비전 시청, 연극 관람, 우표 수집, / 등산, 바둑, 노래 부르기, 춤추기, 여행하기, / 게임하기, 요리, 운동, 야구(하다), 농구(하다), / 축구(하다), 볼링(치다), 배드민턴(치다), 탁구(치다), 스키(타다), / 수영(하다), 스케이팅, 태권도
	37. 여행	여행(하다), 유람(하다), 가이드, 투어, 여행사, / 관광명소, 관광특구, 명승지, 기념품, 무료, / 유료, 할인티켓, 고궁, 경복궁, 남산, / 한국민속촌, 호텔, 여관, 체크인, 체크아웃, / 빈 방, 보증금, 숙박비, 호실, 팁, / 싱글룸, 트윈룸, 스탠더드룸, 1박하다, 카드 키, / 로비, 룸서비스, 식당, 뷔페, 프런트 데스크
	38. 날씨	일기예보, 기온, 최고기온, 최저기온, 온도, / 영상, 영하, 덥다, 따뜻하다, 시원하다, / 춥다, 흐린 날씨, 맑은 날, 비가 오다, 눈이 내리다, / 건조하다, 습하다, 가랑비, 구름이 많이 끼다, 보슬비, / 천둥치다, 번개, 태풍, 폭우, 폭설, / 황사, 장마
	39. 은행	예금하다, 인출하다, 환전하다, 송금하다, 예금주, / 예금통장, 계좌, 계좌번호, 원금, 이자, / 잔여금액, 비밀번호, 현금카드, 현금 인출기, 수수료, / 현금, 한국 화폐, 미국 달러, 외국 화폐, 환율, / 환전소, 신용카드, 대출, 인터넷뱅킹, 폰뱅킹

MP3	주제	단어
	40. 우체국	편지, 편지봉투, 소포, 부치다, 보내는 사람, / 받는 사람, 우편물, 우편번호, 우편요금, 우체통, / 우표, 주소, 항공우편, EMS

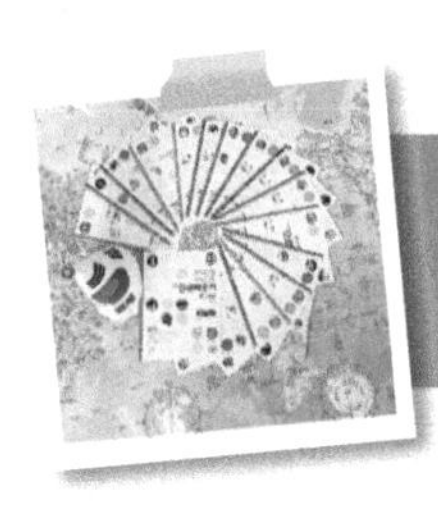

'K-한글'의 세계화 www,k-hangul.kr

1. 영어로 한글배우기
Learning Korean in English

2. 베트남어로 한글배우기
Học tiếng Hàn bằng tiếng Việt

3. 몽골어로 한글배우기
Монгол хэл дээр солонгос цагаан толгой сурах

4. 일본어로 한글배우기
日本語でハングルを学ぼう

5. 스페인어로 한글배우기(유럽연합)
APRENDER COREANO EN ESPAÑOL

6. 프랑스어로 한글배우기
Apprendre le coréen en français

7. 러시아어로 한글배우기
Изучение хангыля на русском языке

8. 중국어로 한글배우기
用中文学习韩文

9. 독일어로 한글배우기
Koreanisch lernen auf Deutsch

'K-한글'의 세계화 www,k-hangul.kr

10. 태국어로 한글배우기
เรียนฮันกึลด้วยภาษาไทย

11. 힌디어로 한글배우기
हिंदी में हंगेउल सीखना

12. 아랍어로 한글배우기
تعلم اللغة الكورية بالعربية

13. 페르시아어로 한글배우기
یادگیری کره‌ای از طریق فارسی

14. 튀르키예어로 한글배우기
Hangıl'ı Türkçe Öğrenme

15. 포르투칼어로 한글배우기
Aprendendo Coreano em Português

16. 스페인어로 한글배우기(남미)
Aprendizaje de coreano en español

몽골인을 위한 기초 한글 배우기

한글배우기 ❶ 기초편

2024년 12월 10일 초판 1쇄 발행

발행인 | 배영순
저자 | 권용선(權容璿), Зохиогч: Гвон Юун Сон
펴낸곳 | 홍익교육, Хэвлэсэн: БНСУ, ХҮНИГ БОЛОВСРОЛЫН ТӨВ
기획·편집 | 아이한글 연구소
출판등록 | 2010-10호
주소 | 경기도 광명시 광명동 747-19 리츠팰리스 비동 504호
전화 | 02-2060-4011
홈페이지 | www.k-hangul.kr
E-mail | kwonys15@naver.com
정가 | 14,000원
ISBN 979-11-88505-48-7 / 13710